Antonio de Loureiro Gil
Carlos Hideo Arima
Wilson Toshiro Nakamura

Gestão:
Controle interno, risco e auditoria

1ª edição

Editora Saraiva
www.saraivauni.com.br

Editora Saraiva

Rua Henrique Schaumann, 270
Pinheiros – São Paulo – SP – CEP: 05413-010
Fone PABX: (11) 3613-3000 • Fax: (11) 3611-3308
Televendas: (11) 3613-3344 • Fax vendas: (11) 3268-3268
Site: http://www.saraivauni.com.br

Filiais

AMAZONAS/RONDÔNIA/RORAIMA/ACRE
Rua Costa Azevedo, 56 – Centro
Fone/Fax: (92) 3633-4227 / 3633-4782 – Manaus

BAHIA/SERGIPE
Rua Agripino Dórea, 23 – Brotas
Fone: (71) 3381-5854 / 3381-5895 / 3381-0959 – Salvador

BAURU/SÃO PAULO (sala dos professores)
Rua Monsenhor Claro, 2-55/2-57 – Centro
Fone: (14) 3234-5643 – 3234-7401 – Bauru

CAMPINAS/SÃO PAULO (sala dos professores)
Rua Camargo Pimentel, 660 – Jd. Guanabara
Fone: (19) 3243-8004 / 3243-8259 – Campinas

CEARÁ/PIAUÍ/MARANHÃO
Av. Filomeno Gomes, 670 – Jacarecanga
Fone: (85) 3238-2323 / 3238-1331 – Fortaleza

DISTRITO FEDERAL
SIA/SUL Trecho 2, Lote 850 – Setor de Indústria e Abastecimento
Fone: (61) 3344-2920 / 3344-2951 / 3344-1709 – Brasília

GOIÁS/TOCANTINS
Av. Independência, 5330 – Setor Aeroporto
Fone: (62) 3225-2882 / 3212-2806 / 3224-3016 – Goiânia

MATO GROSSO DO SUL/MATO GROSSO
Rua 14 de Julho, 3148 – Centro
Fone: (67) 3382-3682 / 3382-0112 – Campo Grande

MINAS GERAIS
Rua Além Paraíba, 449 – Lagoinha
Fone: (31) 3429-8300 – Belo Horizonte

PARÁ/AMAPÁ
Travessa Apinagés, 186 – Batista Campos
Fone: (91) 3222-9034 / 3224-9038 / 3241-0499 – Belém

PARANÁ/SANTA CATARINA
Rua Conselheiro Laurindo, 2895 – Prado Velho
Fone: (41) 3332-4894 – Curitiba

PERNAMBUCO/ ALAGOAS/ PARAÍBA/ R. G. DO NORTE
Rua Corredor do Bispo, 185 – Boa Vista
Fone: (81) 3421-4246 / 3421-4510 – Recife

RIBEIRÃO PRETO/SÃO PAULO
Av. Francisco Junqueira, 1255 – Centro
Fone: (16) 3610-5843 / 3610-8284 – Ribeirão Preto

RIO DE JANEIRO/ESPÍRITO SANTO
Rua Visconde de Santa Isabel, 113 a 119 – Vila Isabel
Fone: (21) 2577-9494 / 2577-8867 / 2577-9565 – Rio de Janeiro

RIO GRANDE DO SUL
Av. A. J. Renner, 231 – Farrapos
Fone: (51) 3371- 4001 / 3371-1467 / 3371-1567 – Porto Alegre

SÃO JOSÉ DO RIO PRETO/SÃO PAULO (sala dos professores)
Av. Brig. Faria Lima, 6363 – Rio Preto Shopping Center – V. São José
Fone: (17) 3227-3819 / 3227-0982 / 3227-5249 – São José do Rio Preto

SÃO JOSÉ DOS CAMPOS/SÃO PAULO (sala dos professores)
Rua Santa Luzia, 106 – Jd. Santa Madalena
Fone: (12) 3921-0732 – São José dos Campos

SÃO PAULO
Av. Antártica, 92 – Barra Funda
Fone PABX: (11) 3613-3666 – São Paulo

304.644.001.001

ISBN 978-85-02-19470-0

CIP-BRASIL. CATALOGAÇÃO NA FONTE
SINDICATO NACIONAL DOS EDITORES DE LIVROS, RJ.

G392g

Gil, Antonio de Loureiro, 1940-

Gestão : controle interno, risco e auditoria / Antonio de Loureiro Gil, Carlos Hideo Arima, Wilson Toshiro Nakamura. - São Paulo Saraiva, 2013.

Inclui bibliografia
ISBN 978-85-02-19470-0

1. Contabilidade gerencial. 2. Administração de empresas I. Arima, Carlos Hideo. II. Nakamura, Wilson Toshiro. III. Título.

13-0422. CDD: 658.151
CDU: 657.0
21.01.13 23.01.13 04228

Direção editorial	Flávia Alves Bravin
Coordenação editorial	Rita de Cássia da Silva
Editora – Aquisições	Ana Paula Matos
Editora – Universitário	Luciana Cruz
Editora – Técnico	Alessandra Borges
Editora – Negócios	Gisele Folha Mós
Produção editorial	Daniela Nogueira Secondo Rosana Peroni Fazolari
Produção digital	Nathalia Setrini Luiz
Suporte editorial	Najla Cruz Silva
Arte e produção	Conexão Editorial
Capa	Conexão Editorial
Produção gráfica	Liliane Cristina Gomes
Impressão e acabamento	Edições Loyola

Contato com o editorial
editorialuniversitario@editorasaraiva.com.br

1ª edição

SaraivaUni

Agradeço a minha esposa, Maria Tereza Otero Gil,
por nossos belos cinquenta anos de casados.
Antonio de Loureiro Gil

Dedico aos meus antepassados, aos meus pais, à minha esposa e
aos meus filhos, razão de estar contribuindo com essa obra.
Carlos Hideo Arima

Dedico esta obra para três mulheres fundamentais em minha vida:
minha mãe, minha esposa e minha filha.
Wilson Toshiro Nakamura

Sobre os autores

Antonio de Loureiro Gil

É professor titular da Universidade Federal do Paraná (UFPR); professor de doutorado e mestrado da Universidade de São Paulo (USP); oficial da Marinha de Guerra do Brasil, formado pela Escola Naval do Rio de Janeiro; autor de dezenove livros no Brasil e em Portugal; executivo de organizações nacionais, multinacionais, governamentais; palestrante com artigos publicados nos Estados Unidos, França, Israel, Espanha, Portugal, Argentina, Uruguai e Panamá.

Contato com o autor:
gil@editorasaraiva.com.br

Carlos Hideo Arima

É doutor em Controladoria-Contabilidade e bacharel e mestre em Ciências Contábeis pela Faculdade de Economia, Administração e Contabilidade da Universidade de São Paulo (FEA-USP). Professor do Programa de Mestrado em Ciências Contábeis e Atuariais da Pontifícia Universidade Católica de São Paulo (PUC-SP); professor pleno II do Departamento de Tecnologia da Informação da Fatec-SP e ex-professor do Departamento de Contabilidade e Atuária da FEA-USP. Sócio-diretor da Arima e Associados Ltda., empresa de consultoria e auditoria da área de sistemas, bem como de treinamento e gestão de recursos humanos.

Contato com o autor:
charima@editorasaraiva.com.br

Wilson Toshiro Nakamura

É doutor e mestre em Administração pela Faculdade de Economia, Administração e Contabilidade da Universidade de São Paulo (FEA-USP). Bacharel em Administração, Economia e Ciências Contábeis pela FEA-USP, bacharel em Direito pela Faculdade de Direito da USP. Professor do Programa de Pós-graduação *Stricto Sensu* em Administração de Empresas da Universidade Presbiteriana Mackenzie. Atualmente, é professor convidado em cursos de Pós-graduação de diversas instituições do Brasil e consultor de empresas. Possui experiência profissional de mais de 20 anos atuando em grandes empresas do Brasil.

Contato com o autor:
wtnakamura@editorasaraiva.com.br

Prefácio

Esta obra foi criada a partir do convite do ex-orientando Carlos Hideo Arima ao professor orientador Antonio de Loureiro Gil, que há muito tempo tinha planos de desenvolver um livro sobre Gestão de Negócios envolvendo controle interno, auditoria e risco. Desses três assuntos mencionados, ficava a lacuna do risco, portanto foi estendido o convite ao professor Wilson Toshiro Nakamura, que contribuiu na conclusão desta obra.

Os temas tratados como gestão relacionada com controle interno, risco e auditoria de gestão têm sido muito escassos dentro da nossa literatura, e procuramos desenvolvê-los sob o enfoque de como aplicar as melhores práticas de monitoramento do ciclo de negócios da empresa. Muitos dos livros apresentados sobre Gestão de Negócios ou Controle de Gestão têm se concentrado em buscar e alavancar novas oportunidades em face de inúmeras variáveis que influenciam no sucesso dos negócios das organizações. Na grande maioria das vezes recomenda-se sobre como poderia ser desenvolvido um determinado negócio para obter sucesso futuro; porém, nada garante que seguindo tais procedimentos se possa alcançar os objetivos desejados.

Por conta de todos esses contratempos, surge a necessidade de buscar explicações, que até o presente momento têm sido observadas no âmbito de hipóteses com poucas informações de causa e efeito.

Portanto, procuramos desenvolver esta obra com a finalidade de preencher essa necessidade de buscar explicações mais plausíveis e consistentes para minimizar não só o impacto dos fracassos, mas, principalmente, para ter alternativas contingenciais que permitam o ajuste do rumo traçado para a gestão de negócios da empresa.

O livro está dividido em três grandes módulos:

1. O primeiro com a explicação conceitual sobre gestão e auditoria de gestão com a visão de mudança sustentada pela gestão de pessoas, incluindo as soluções sustentáveis com planos alternativos de ação, métricas e indicadores.
2. O segundo módulo consiste em apresentar os conceitos e aplicações sobre controle interno dentro do ciclo de negócios da empresa, bem como o emprego do *business intelligence* para a busca de informações que permitam o monitoramento e a adequação de sistemas de controle interno para minimizar os incidentes que porventura possam ocorrer.
3. O terceiro módulo apresenta os conceitos de risco e tipos de riscos relacionados no contexto empresarial, além de alguns métodos e técnicas de quantificação e de um modelo de administração de risco, que poderia ser aplicado na gestão de negócios como um todo.

Esperamos que esta obra possa trazer novas contribuições no meio empresarial e acadêmico para o desenvolvimento sustentável de novos mecanismos funcionais de administração de ciclo de negócios empresariais do ponto de vista do controle estratégico e gerencial.

Apresentação

Brindam-nos os professores Antonio de Loureiro Gil, Carlos Hideo Arima e Wilson Toshiro Nakamura com um trabalho que estava fazendo falta em nossa literatura especializada. O livro **Gestão: Controle interno, risco e auditoria** é o resultado de uma ampla experiência na área da gestão, controle interno, risco e auditoria dos negócios privados ou governamentais, envolvendo desde os fundamentos e etapas básicas para a gestão organizacional até a auditoria do desempenho e das falhas no horizonte "passado/presente/futuro" das entidades.

Os autores têm tido envolvente participação como renomados especialistas nas áreas da gestão e da auditoria da gestão com aplicação das tecnologias de controle interno e de risco para a administração pública e privada.

O trabalho está bem estruturado e subdividido em seis capítulos que evoluem na seguinte sequência: a necessidade de controle interno, risco e auditoria para gestão da mudança nos negócios; a gestão e a auditoria da gestão dos negócios privados ou governamentais na perspectiva do controle interno e do risco, a visão da mudança sustentada pela gestão de pessoas, a documentação da mudança em ação e a sustentabilidade organizacional no foco (*on the spot*); as "soluções sustentáveis" com "planos alternativos de ação", a "viagem no espaço/tempo gestional", o "laser decisão/recomendação", o "mapa contingencial – gestional", métricas e indicadores, a documentação da mudança em ação, a tecnologia da informação e comunicações (TIC) e a mudança; controle interno: conceitos e aplicações; controle interno e *business intelligence*; risco – uma abordagem para a mudança.

O livro destina-se a alunos dos cursos de pós-graduação (especialização, mestrado e doutorado) e de graduação das diversas áreas acadêmicas e aos profissionais das organizações privadas ou governamentais.

Congratulamos os autores pela contribuição realmente marcante ao ambiente acadêmico e às organizações brasileiras com o presente trabalho de méritos reconhecidos e de incontestável utilidade. Parabenizamos os autores e a Editora Saraiva pela edição deste trabalho, que decididamente recomendamos a estudiosos e profissionais.

Sérgio de Iudicibus
Professor Emérito da Universidade de São Paulo

Sumário

Capítulo 1 – Por que aplicar controle interno, risco e auditoria para gestão de mudanças dos negócios? 15

Objetivos 15

Resumo 15

1.1 A dinâmica da gestão/operação dos negócios privados ou governamentais no século XXI 16

1.2 A importância da mudança para a gestão 18

1.3 A mudança na perspectiva da gestão da sustentabilidade dos negócios privados ou governamentais 25

1.4 Controle interno, risco e auditoria são tecnologias associadas à gestão da mudança para a sustentabilidade organizacional 34

1.5 A natureza do controle interno, do risco e da auditoria para a gestão da sustentabilidade dos negócios privados ou governamentais 39

Exercícios de revisão 44

Capítulo 2 – A gestão e a auditoria sustentada pela gestão de pessoas na perspectiva do controle interno e do risco 47

Objetivos 47

Resumo 47

2.1 A gestão da mudança como diferencial competitivo dos negócios 48

2.2 Os processos decisórios realizados com o modelo para gestão da mudança nos negócios 53

2.3 O modelo da gestão da mudança e a tecnologia para gestão de pessoas 59

Exercícios de revisão 62

Capítulo 3 – As soluções sustentáveis com planos alternativos de ação 65

Objetivos 65

Resumo 65

3.1 A "viagem virtual no espaço/tempo gestional" com a engenharia reversa de resultados/cenários simulados paralelos 66

3.2 A importância das métricas e indicadores no horizonte "passado/presente/futuro" 77

3.3 Estruturação dos instrumentos são de natureza "relatórios"; "telas"; "arquivos"; e "segmentos de bancos de dados" ... 86

Exercícios de revisão 97

Capítulo 4 – Controle interno: conceitos e aplicações 99

Objetivos 99

Resumo 99

4.1 Controle 100

4.2 Conceitos básicos 101

4.3 Princípios de controle interno 103
4.3.1 Controle interno contábil 104
4.3.2 Controle interno administrativo 106
4.4 Métodos, técnicas e ferramentas de controle interno 107
4.5 Aplicações de controle interno na gestão empresarial 108
4.6 Controle interno no ciclo de negócios da empresa 109
4.6.1 Ciclo de processos de receitas 110
4.6.2 Ciclo de processos de compras e gastos 122
4.6.3 Ciclo de processos de produção e suprimentos 114
4.6.4 Ciclo de processos financeiros 116
4.7 Controle interno e o *Committee of Sponsoring Organizations of the Treadway Commission* (COSO) 117
Exercícios de revisão 119

Capítulo 5 – Controle interno e *Business Intelligence* 121
Objetivos 121
Resumo 121
5.1 *Business Intelligence* (BI) 121
5.2 Soluções para usuários finais 123
5.3 Soluções com ferramentas de retaguarda 124
5.4 Etapas para desenvolvimento e implantação de *Business Intelligence* (BI) com base no controle interno 125
5.4.1 Estruturação, identificação e definição de fontes de dados 125
5.4.2 Seleção, extração e reformatação de dados 126
5.4.3 Transformação dos dados 126
5.5.4 Análise dos resultados 127
5.5 Fator humano como chave de sucesso da consolidação do controle interno 127
Exercícios de revisão 128

Capítulo 6 – Risco: uma abordagem para a mudança 131
Objetivos 131
Resumo 131
6.1 O que é risco 132
6.2 Os tipos de risco 134
6.3 Risco no contexto das empresas 134
6.4 Risco no mercado financeiro 137
6.5 Elementos para a criação de um modelo de administração de risco 144
6.6 A atividade de gestão de risco no contexto dos controles internos da empresa 152
6.7 Proteção contra riscos e o uso de derivativos 153
Exercícios de revisão 155

capítulo

1

Por que aplicar controle interno, risco e auditoria para gestão de mudanças dos negócios?

Objetivos

- Apresentar a dinâmica da gestão/operação dos negócios com ênfase na mudança como entidade fundamental para o sucesso das entidades do século XXI.
- Expor as diretrizes para as metodologias da gestão da mudança ou da auditoria da gestão da mudança.
- Externar mudança no ambiente de conformidade, customização/adaptação e "inovação".
- Tratar o ciclo de vida da mudança com as entidades das Metodologias da Gestão CCM; DEQ; SWOT; BSC; PMBOK (DEQ); BIN; Marca Própria e das Metodologias de Auditoria da Gestão AUD; CCM; DEQ; SWOT; BSC; PMBOK (DEQ); BIN; Marca Própria.
- Estabelecer a sintonia da gestão de pessoas com a gestão do negócio como elo vital à qualidade da mudança organizacional.

Resumo

O século XXI traz o acirramento do processo/produto de transformação da sociedade, do mercado e das organizações, com foco na sustentabilidade como eixo vital para as metodologias de gestão/operação organizacional.

A mudança é o vetor determinante dos processos decisórios exercidos com a tecnologia (ferramentas e instrumentos) de controle interno, indicadores/métricas, conhecimento, risco/contingência/incerteza, parâmetros da gestão/auditoria da gestão integrantes das metodologias para gestão ou auditoria da gestão das mudanças.

Executivos, gestores, profissionais especializados e funcionários são estimulados a gerar e a exercer as mudanças nos ambientes organizacionais.

A qualidade do processo/produto de mudança está diretamente relacionada à qualidade das metodologias para gestão ou auditoria da gestão de negócios.

A gestão da sustentabilidade é a missão da gestão e da auditoria da gestão da mudança.

1.1 A dinâmica da gestão/operação dos negócios privados ou governamentais no século XXI

A gestão/operação dos negócios é sustentada pelas ideias de controle interno e de risco e tem como atividade-chave o exercício da auditoria como função administrativa integrada a planejamento, execução e controle.

A realização das atividades da gestão/operação e daquelas da auditoria da gestão visam a tomada da decisão/recomendação com a qualidade necessária à evolução do processo/produto dos negócios ante a crescente exigência de maximizar o desempenho e minimizar as falhas no horizonte presente/futuro organizacional.

O **controle interno** como tecnologia (ferramentas aplicadas aos processos e instrumentos com os produtos alcançados) para a transparência (visão conformidade) das práticas e dos resultados das entidades privadas ou públicas é objeto de mudanças (visões customização ou inovação) na sua concepção e funcionalidade como decorrência dos processos decisórios exercidos.

O **risco** como entidade associada às mudanças do controle interno tem o evento contingente (decisão e demais eventos organizacionais futuros associados) como foco.

A decisão é o objeto da gestão e ocorre no horizonte presente/futuro. As ideias de "controle interno" e de "risco" para a qualidade da decisão. Projetos de mudança em ação.

A Figura 1.1 estrutura os momentos e as tecnologias para o exercício da gestão e o realizar da auditoria da gestão com a sustentação das ideias de controle interno e de risco.

Figura 1.1 – Lógica para análise do ciclo de vida do risco. O controle interno ante a vertente contingência/incerteza/risco (gestão e auditoria da gestão como objetivo)

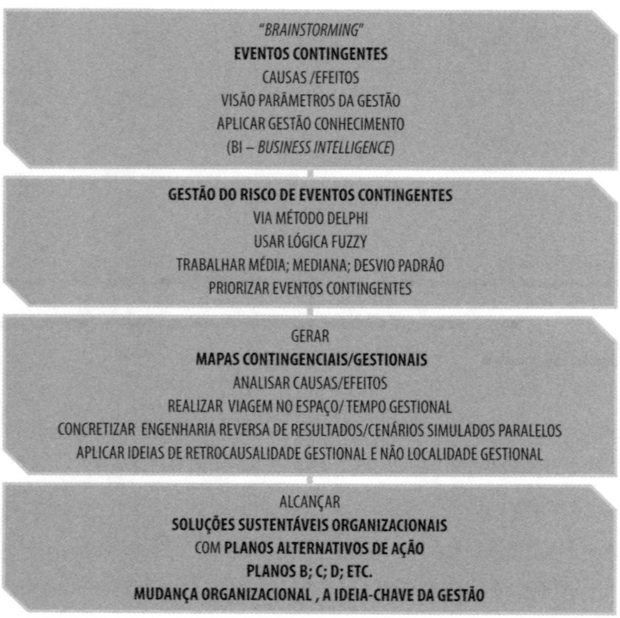

As tecnologias para a gestão, ou a auditoria da gestão dos negócios privados ou governamentais, visam alcançar as decisões/recomendações ótimas para a melhor qualidade do controle interno por meio do estudo do risco associado às contingências e com o concomitante tratamento de suas causas e efeitos.

As respostas antecipadas e corretas para a qualidade do amanhã organizacional exigem planos alternativos de ação para maior grau de certeza quanto ao alcance de soluções sustentáveis organizacionais; é a certeza da obtenção dos efeitos da decisão/recomendação no foco (*on the spot*).

A resposta correta quanto aos meios e à forma para alcance dos efeitos da decisão/recomendação é a responsabilidade plena de executivos, gestores e chefes das organizações privadas ou públicas.

A verdadeira missão da tecnologia do risco é a resposta correta ao valor do ativo/evento organizacional nas dimensões:

- monetária (visão da controladoria); ou
- não monetária (visão da logística) no horizonte presente/futuro dos negócios privados ou governamentais.

A evolução da sociedade e dos seus negócios inerentes não ocorre sempre de forma linear ante os eventos do horizonte passado/presente.

A teoria da evolução gestional/operacional ante a vertente contingência/incerteza/risco.

O processo de transformação dos negócios privados ou governamentais com frequência ocorre aos saltos e aflora a experiência/*expertise*/capacidade de análise de executivos, gestores e chefes com o assumir riscos diante de contingências formatadoras das necessidades futuras do mercado e da comunidade.

Temos o controle interno dinâmico como certeza.

A gestão do conhecimento incorpora tecnologias para alcance do comando das mudanças direcionadoras no horizonte presente/futuro do negócio e do mercado/sociedade.

Maior conhecimento dos eventos do amanhã é o caminho. Força é a capacidade de conviver com as contingências.

A gestão e a operação organizacional necessitam de comportamento profissional de excelência de seus executivos, gestores e chefes com foco no:

- amplo conhecimento do controle interno a cada momento histórico do negócio; e
- cálculo do risco para a hierarquia com a escolha das decisões e demais contingências inerentes ao processo/produto do negócio.

O comportamento profissional como vetor de reconhecimento da integral de dependência das metodologias de gestão ou da auditoria de gestão ao capital humano organizacional é a ideia decisiva para a qualidade dos processos decisórios organizacionais.

A gestão/operação e a auditoria, praticadas ante a vertente problema/estratégia/tática (projeto)/solução, realizam a viagem no espaço/tempo gestional dos negócios privados ou governamentais.

A qualidade das metodologias da gestão (foco na decisão) ou da auditoria da gestão (foco na recomendação) é regida pela ideia:

Múltiplos propósitos dos efeitos da decisão/recomendação reduzem os custos dos projetos de mudança e reprimem o desperdício de tempo e recursos.

A precisão da decisão/recomendação é o objeto da gestão/auditoria da gestão da sustentabilidade organizacional, levando-se em conta o fato de ser o principal fator de confiança para o sucesso dos resultados/produtos organizacionais mensurados por:

- métricas monetárias de natureza contábil/financeiras (visão da controladoria); ou
- métricas não monetárias de natureza quantidade, probabilidade, pontuação (visão logística) para a qualidade total no horizonte presente/futuro do negócio privado ou governamental.

O vetor causas/efeitos como parâmetro para precisão da decisão/recomendação – o viabilizar das soluções sustentáveis com planos alternativos de ação.

1.2 A importância da mudança para a gestão

A gestão e a operação das entidades privadas ou governamentais enfrentam o desafio da aceleração e da intensidade dos processos de mudança em face da maior globalização dos mercados e da expansão do conhecimento.

A gestão da mudança é o foco de executivos, gestores e profissionais especializados e a operação, uso ou exercício da mudança, é objeto do trabalho de todos os profissionais do negócio.

A auditoria da gestão da mudança visa revisar a qualidade das práticas e resultados das mudanças administradas e exercidas pelos profissionais dos negócios privados ou governamentais e, assim, gerar maior qualidade nos efeitos das mudanças – auditoria da qualidade no foco.

A gestão e a auditoria da gestão da sustentabilidade são determinadas pela qualidade dos projetos de mudança desenvolvidos e instalados nas organizações.

A premissa básica da gestão e operação dos negócios é:

Primeiro mandamento do processo decisório sustentável:

Quando um executivo, gestor ou profissional especializado fizer uma aposta ou realizar uma escolha, ele lutará para sua concretização ou alcance – decisões para realizar cenários futuros em ação.

A realização da premissa básica implica no desenvolvimento e implantação de projetos de mudança com o objetivo de maximizar o desempenho (projetos de Ação de Otimização – AO) ou minimizar as falhas (projetos de Medida de Proteção – MP).

Projetos de mudança são direcionados a evitar a ocorrência das causas ou diminuir a intensidade dos efeitos dos problemas organizacionais.

Ao assumir a premissa básica, estamos, de forma implícita, realçando as vertentes da gestão:

- **Contingência/incerteza/risco**: presentes durante todo o processo – produto de mudança nos negócios privados ou governamentais.
- **Controle interno**: ideia básica para nortear a gestão e operação a cada novo patamar tecnológico organizacional decorrente do processo – produto de mudança.

A mudança de patamar tecnológico impõe:

- mudar a estrutura/conteúdo/natureza do controle interno organizacional;
- tratar qualitativamente a contingência/incerteza e quantitativamente o risco.

Um novo patamar tecnológico é alcançado quando da obtenção de sucesso a cada projeto de mudança desenvolvido e instalado. A ideia da mudança organizacional está encapsulada pelas seguintes visões da gestão:

- Toda decisão deve ser mensurada por indicadores/métricas e apurada de forma anterior e posterior ao desenvolvimento e à instalação de projetos de mudança e, assim, maximizar o desempenho ou minimizar a falha de evento organizacional prioritário – ênfase à sustentabilidade dos empreendimentos privados ou governamentais.
- Alcançar os efeitos da decisão é o alvo – gestão do conhecimento no horizonte presente/futuro é a tecnologia indispensável ao sucesso dos projetos de mudanças organizacionais.
- A homogeneidade de atuação e a convergência de propósitos são alcançadas com a estruturação das mudanças nos termos dos parâmetros da gestão: efetividade, eficácia, eficiência, produtividade, economicidade, segurança e regulamentações como eixo da gestão e da auditoria da gestão.

O reforço da premissa básica da gestão e operação do negócio com o uso das vertentes e visões da gestão é alcançado com a função auditoria (momento auditoria da gestão/operação da mudança):

- *quando testes, provas, recomendações e opiniões são efetuados para validar e avaliar a aposta, a escolha e o processo para concretizar ou alcançar mudanças – verificar cenários futuros em ação.*

A vigência de diretrizes para o exercício da gestão e da auditoria da gestão, incorporadas às metodologias de trabalho, é mandatória para a sustentabilidade dos negócios.

Para a qualidade da sustentabilidade dos negócios, são fundamentais as seguintes ferramentas e instrumentos tratados como diretrizes para as metodologias da gestão ou da auditoria da gestão:

- controle interno;
- indicadores/métricas;
- gestão do conhecimento;
- gestão do risco (contingência/incerteza); e
- parâmetros da gestão/auditoria da gestão.

A Figura 1.2 estabelece ideias/conceitos/fundamentos para o inter-relacionar da premissa básica com vertentes e visões para estabelecer a lógica das diretrizes das metodologias da gestão ou da auditoria da gestão da mudança – projetos de mudanças do processo/produto organizacional como eixo da sustentabilidade dos empreendimentos.

Figura 1.2 – O exercício da premissa básica de inter-relacionar as metodologias da gestão e da auditoria da gestão. A vertente problema/contigência/risco/solução e suas visões lógicas da mudança

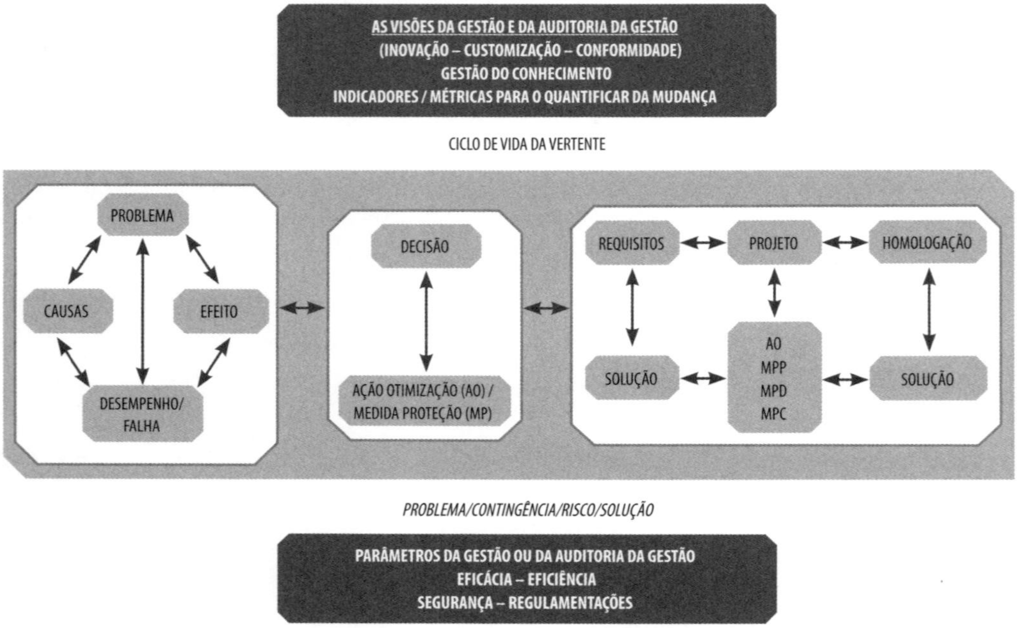

A integração das metodologias e respectivas ferramentas para a qualidade dos processos/produtos de mudança nos negócios privados ou governamentais deve ser exercida entre os momentos:

- gestão/operação dos negócios;
- gestão e desenvolvimento de projetos de mudança;
- auditoria da gestão/operação dos negócios; e
- auditoria da gestão e do desenvolvimento de projetos de mudança.

Gestão é uma decisão que implica mudança de patamar tecnológico nas operações das organizações – horizonte passado/presente/futuro em ação.

Mudança é a única certeza para os executivos, gestores e profissionais especializados, responsáveis pela continuidade operacional das organizações.

Mudança é a palavra-chave do século XXI.

A mudança está relacionada a problemas do ambiente interno ou externo ao negócio.

O exercício da gestão acarreta a necessidade de conhecimento acerca da entidade problema/decisão/mudança.

A gestão do conhecimento visa sustentar o quantificar do risco associado à solução do problema flagrado: vertente problema/métrica/conhecimento/risco/decisão/mudança/solução em ação – visão do ciclo de vida da mudança.

O ciclo de vida da mudança implica em percorrer os parâmetros da vertente:

Problema/métrica/conhecimento/ risco/decisão/mudança/solução.

A solução do problema implica na decisão/mudança instalada. O problema é determinado pela métrica do indicador de desempenho constatada:

- A métrica apurada fora de nível de tolerância ante a métrica padrão – visão da não conformidade.
- A métrica padrão alcançada ou ultrapassada, mas insuficiente para satisfazer as exigências do negócio – visão da necessidade de customização/adaptação ou de inovação – nova métrica padrão a determinar.

A visão da "não conformidade" é quantificada pela métrica do indicador da falha, isto é, o não alcance da métrica padrão vigente.

O risco para a gestão corresponde a mensurar a possibilidade de concretizar evento organizacional de cenário futuro – evento contingente em ação. Ele quantifica a expectativa de alcance da métrica padrão estipulada para o indicador de desempenho ou da falha no ambiente do amanhã organizacional, ou seja, quando da decisão/mudança/solução instalada – capacidade de resolução do problema em ação.

A gestão implica em escolher entre duas ou mais alternativas de decisão/solução para obtenção dos efeitos desejados diante dos problemas enfrentados por executivos, gestores e profissionais especializados.

O cálculo do risco é a ferramenta ideal para concretizar a escolha da decisão/solução pela viabilidade de comparabilidade/confrontação (*benchmark*) que é apresentado – modelos matemáticos para cálculo do risco em ação.

O problema deve ser trabalhado com a lógica SWOT – *Strength* (força), *Weakness* (fraqueza), *Opportunity* (oportunidade) e *Threat* (ameaça) –, a qual direciona a natureza da mudança a instalar.

As oportunidades e as ameaças à qualidade das atividades empresariais devem ser identificadas e administradas com processos decisórios ágeis e adequados aos desafios do ambiente externo organizacional enfrentado.

A força às ideias e à forma de aplicação das mudanças é o trunfo para enfrentar a concorrência e alcançar a satisfação dos *stakeholders*, particularmente, acionistas e clientes.

A solução das fraquezas identificadas, caracterizadas e formatadas como inadequações a resolver indica o caminho para o exercício dos processos decisórios empresariais.

O tratamento da lógica SWOT implica sintonia com as lógicas: CCM (*Cross Cultural Management*) e DEQ (Decisão; Evento organizacional; Quantificação). As tecnologias CCM, DEQ e SWOT são aplicadas para o alcance de melhoria ao processo/produto dos negócios privados ou governamentais – processos decisórios para a mudança em ação.

A maior qualidade da sintonia e o melhor caracterizar dos componentes ***CCM, DEQ*** e ***SWOT*** do modelo da gestão e operação organizacional são fatores decisivos para o exercício e a qualidade dos processos decisórios:

- O momento *Cross Cultural Management (CCM): a visão do comportamento profissional;*
- O momento decisão; evento organizacional; quantificação (DEQ); as visões de:
  - *contingência/incerteza/risco;*
  - *falhas* versus *desempenho;* e
  - *gestão do conhecimento.*

A Figura 1.3 esquematiza essas quatro visões para solução de problemas (momento *SWOT*) quando da gestão e operação empresarial.

Figura 1.3 – Os componentes CCM/ DEQ/ SWOT para qualidade da mudança empresarial
As vertentes empresariais para gestão/operação de problemas de negócio

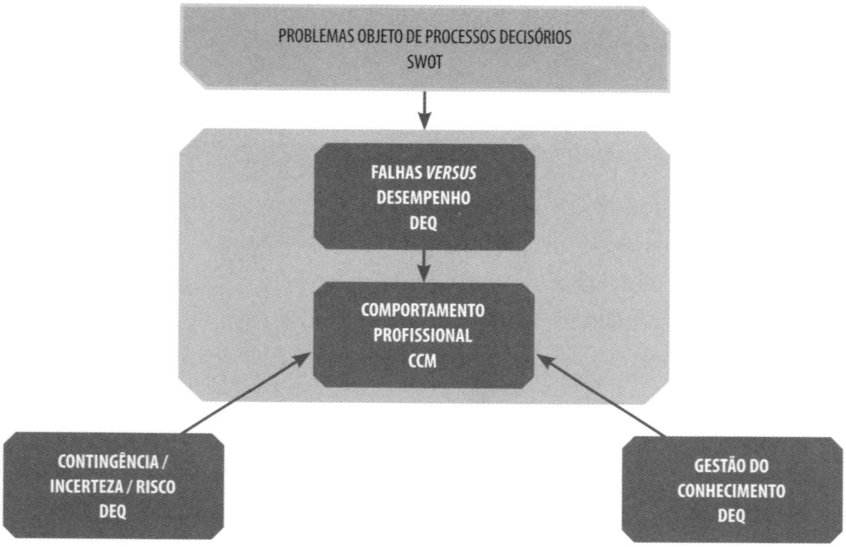

Identificar, caracterizar, analisar e solucionar problemas organizacionais são tratados com abordagens do comportamento profissional e da cultura organizacional do ambiente de sua ocorrência.

A análise do comportamento profissional embasa as decisões e determina as soluções ótimas alcançadas quando do exercício do processo/produto decisório CCM (gestão da vertente comportamento profissional/cultura organizacional) em ação.

O modelo/metodologia CCM sintoniza/alinha o comportamento profissional/capital humano a cultura organizacional/capital estrutural.

Para a qualidade da mudança desde sua concepção (no momento da plataforma técnico-operacional anterior), com foco na solução de determinado problema organizacional, até sua instalação (no momento da plataforma técnico-operacional posterior), é importante a vigência dos fatores comportamentais – ciclo de vida da mudança do negócio em ação:

- crenças;
- valores;

- liderança;
- confiança; e
- reputação.

O comportamento profissional é sustentado pelo capital humano inerente a cada profissional do negócio. A cultura organizacional é determinada pelo alinhamento deste capital humano integrante do comportamento profissional ao capital estrutural.

O capital estrutural é ideia consubstanciada por *softwares* instalados, normas e regulamentações implantadas e contratos celebrados com clientes, fornecedores e demais práticas para relacionamento com os *stakeholders*.

O capital estrutural expressa a ideia de "capital humano" a partir da contribuição de todos os profissionais do negócio – executivos, gestores e profissionais especializados – responsáveis pela sustentabilidade dos empreendimentos privados ou governamentais ao alcance de novos patamares tecnológicos desses negócios.

O capital relacional explode as ideias de "capital humano" e de "capital estrutural" para o ambiente da *supply chain*.

Na visão do modelo intelect, capital humano, capital estrutural e capital relacional integram a família do capital intelectual.

Pelos fatores comportamentais temos: crenças, valores, liderança, confiança e reputação e há a interação do comportamento profissional com a cultura organizacional e do capital humano com o capital estrutural – gestão de pessoas alinhada à gestão de negócios em ação.

A Figura 1.4 esquematiza o modelo/metodologia CCM para gestão de pessoas no âmbito do modelo de gestão CCM; DEQ; SWOT; BSC; PMBOK (DEQ); BIN; Marca Própria.

Figura 1.4 – O modelo/metodologia CCM no ambiente dos empreendimentos privados ou governamentais

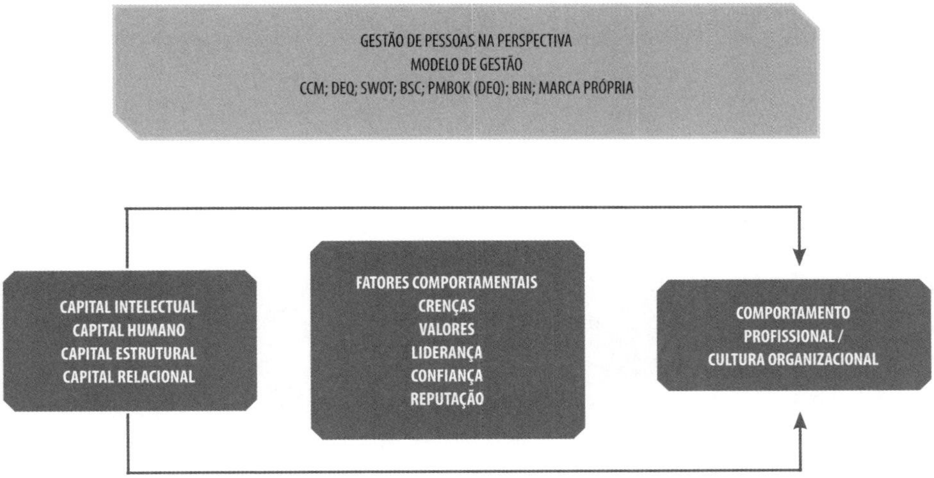

Os profissionais do negócio são entidades-chave para o sucesso do modelo/metodologia para gestão de negócios privados ou governamentais – gestão de pessoas para viabilidade da gestão organizacional.

A qualidade do entrosamento de modelo de gestão de pessoas com modelo de gestão de negócios é expressa pela simetria alcançada entre:

- o comportamento profissional com o capital humano; e
- a cultura organizacional com o capital estrutural.

A Figura 1.5 estabelece o eixo central do processo/produto de mudança das organizações do século XXI.

Figura 1.5 – Eixo central do processamento de mudança. O controle interno, o risco e a auditoria para gestão em ação

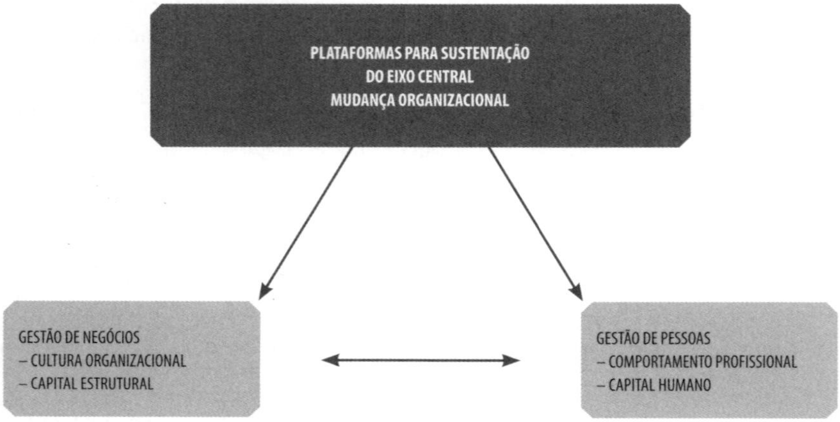

O modelo DEQ contribui para a firmeza da cultura organizacional e do comportamento profissional segundo os seguintes vetores:

- tratamento da contingência e do cálculo do risco como função das incertezas e na perspectiva da vertente falhas *versus* desempenho, encapsulados por comportamento profissional adequado, orienta o processo decisório empresarial – cultura organizacional de *vanguarda* em ação;
- gestão do conhecimento alavanca o comportamento profissional quando do exercício dos processos decisórios com o melhor entendimento do problema (falhas *versus* desempenho) e respectivas soluções associadas – cultura organizacional *assertiva* em ação; e
- gestão de valor com a vigência e a apuração de métricas não monetárias (MNM) ou monetárias (MM), as quais, na qualidade de indicadores de logística ou de índices contábil-financeiros/de controladoria, mensuram a intensidade do problema vigente ou que entrará em vigor – cultura organizacional *dimensionada* em ação.

O tratamento da cultura organizacional é mandatório para executivos, gestores e profissionais especializados dos negócios com foco nos projetos de mudança oriundos de decisões: de vanguarda, assertivas e dimensionadas.

A abordagem da integração dos modelos *CCM/DEQ/SWOT* dá a sistemática da gestão das operações dos negócios privados ou governamentais o alcance devido para a continuidade empresarial com margens financeiras positivas constantes – a sustentabilidade organizacional no foco (*on the spot*).

Para alcançar margens financeiras positivas constantes e espelhadas nas demonstrações contábeis organizacionais, há a necessidade de correlação direta entre o modelo de gestão de negócios e o modelo de gestão de pessoas – *sintonia fina entre as áreas de controladoria e de logística dos negócios privados ou governamentais em ação.*

A correlação direta do modelo de gestão de negócios com o de gestão de pessoas implica a vigência comum dos fundamentos apresentados para o modelo CCM/DEQ/SWOT – patrimônio líquido positivo e crescente como resultado.

Os vetores de natureza são

- as forças vigentes e não utilizadas;
- as fraquezas instaladas e não solucionadas;
- as oportunidades apostadas ou vivenciadas e não aproveitadas;
- e as ameaças latentes ou existentes e não enfrentadas estão na origem dos problemas e das necessidades de mudanças das organizações privadas ou governamentais (SWOT).

As métricas monetárias viabilizam a análise e apuram a correlação entre:

- desperdício com os problemas organizacionais flagrados ou postados; e
- dispêndio com os projetos de mudança ocorridos ou projetados.

A gestão/operação/auditoria do negócio implica no exercício de processos decisórios com consumo de métricas monetárias apuradas junto a problemas e a projetos de mudança e respectivas soluções instaladas.

A base para a estabilidade do desenvolvimento e obtenção de cenários favoráveis ao negócio é a busca constante de conformidade, customização e inovação pelas chefias das várias áreas organizacionais – gerenciamento das mudanças com apuração monetária de ganhos realizados ou não e de perdas incorridas ou sustadas em ação.

Os problemas categorizados como a não conformidade, a não customização/adaptação e a não inovação impõem a abordagem das mudanças empresariais.

A gestão implica nas decisões/ações/projetos de mudança para garantia da continuidade operacional com crescimento dos negócios e norteada pela vertente contingências/incertezas/riscos – continuidade sem desperdício e com o considerar os cenários do amanhã organizacional – sustentabilidade como foco.

A utilização adequada das tecnologias organizacionais para a tomada de decisão é indispensável para o alcance de uma gestão orientada à lógica da sociedade do século XXI – controle interno, risco, auditoria em ação.

A participação nos processos de mudança implica considerar as práticas comportamentais quando do exercício funcional de suas atribuições por todos os profissionais do negócio.

1.3 A mudança na perspectiva da gestão da sustentabilidade dos negócios privados ou governamentais

Os modelos de gestão ou de auditoria da gestão precisam ter soluções comprometidas com o futuro do empreendimento privado ou governamental – sustentabilidade do negócio baseada na cultura organizacional em ação.

Esses modelos (**CCM, DEQ, SWOT**) para administração dos negócios utilizam fundamentos básicos para entendimento do processo/produto das atividades empresariais, tais como:

- a gestão do problema;
- a gestão do conhecimento;
- a gestão do risco; e
- a análise dos parâmetros da gestão ou da auditoria da gestão.

A Figura 1.6 estrutura o principal entendimento necessário ao uso do modelo de gestão CCM; DEQ; SWOT; BSC; PMBOK (DEQ); BIN; Marca Própria e o modelo para auditoria da gestão AUD, CCM, DEQ, SWOT, BSC; PMBOK (DEQ), BIN, Marca própria.

A lógica do ambiente falha *versus* desempenho compreende o consumo das práticas de:

- **Gestão do problema** (foco no maximizar o desempenho ou no minimizar a falha) com a quantificação por métricas monetárias (MM) – visão controladoria – ou não monetárias (MNM) – visão logística – da intensidade do problema vigente ou potencial.
- **Gestão do conhecimento** para minimizar as incertezas na perspectiva do melhor compreender a natureza, utilidade e características funcionais dos recursos humanos, materiais, tecnológicos ou financeiros integrantes dos eventos organizacionais do horizonte passado/presente/futuro – o foco no "tratar o problema".
- **Gestão do risco** para maximizar a possibilidade de acerto da aposta na solução do problema caracterizado e propiciar melhor escolha daqueles eventos organizacionais prioritários para solução de falhas ou para melhoria de desempenho das atividades empresariais.
- **A análise dos parâmetros da gestão ou da auditoria da gestão** implica estruturar e classificar como melhor tratar os problemas flagrados e respectivas decisões adotadas no sentido do conhecimento da natureza de seu impacto nos cenários atuais ou do amanhã das entidades.

Figura 1.6 – Fundamentos para o estudo da lógica *falha* versus *desempenho*
O exercício de processos decisórios para a sustentabilidade organizacional

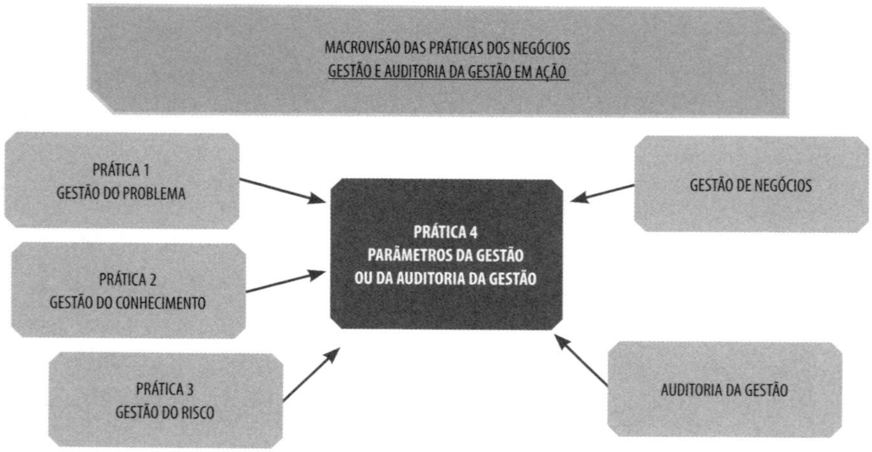

O "ciclo de vida da mudança" é situação especial e central para a gestão ou a auditoria da gestão organizacional, sendo decisivo para a continuidade dos empreendimentos.

A gestão do conhecimento e do risco, com uso dos parâmetros para gestão ou auditoria da gestão, deve contemplar a ideia da sustentabilidade quando da resolução dos problemas no processo/produto organizacional.

Sustentabilidade é "não esgotar hoje os recursos necessários às futuras gerações" – visão Global Reporting Initiative (GRI).

A Figura 1.7 estabelece o exercício da visão das falhas *versus* desempenho nas organizações quando do ciclo de vida de mudança encapsulado pelo ciclo de vida do negócio – o cuidado com a sustentabilidade dos empreendimentos em ação.

As mudanças são ocasionadas pelas vertentes:

- a importância de maximizar o desempenho dos recursos humanos, materiais, tecnológicos (ativos intangíveis) ou financeiros integrantes dos eventos organizacionais; e
- a necessidade de minimizar as falhas de natureza erro, duplicidade, omissão, falta ou inexistência no processo/produto organizacional.

Figura 1.7 – Estruturação dos momentos da gestão ou da auditoria da gestão
A garantia da sustentabilidade organizacional

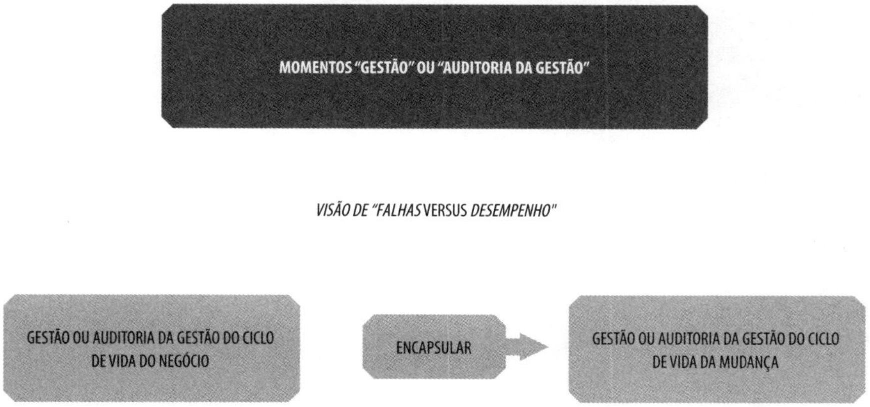

Os executivos, gestores e profissionais especializados são responsáveis pela identificação, análise e proposição com o desenvolvimento de soluções (projetos de mudança) para maximizar o desempenho ou minimizar as falhas quando do processo/produto do negócio nos seus momentos:

- Engenharia do processo – quando do funcionamento do negócio no ambiente tecnológico vigente – visão da conformidade em ação.
- Engenharia do produto – quando do desenvolvimento de nova solução tecnológica para o funcionamento do negócio no ambiente tecnológico futuro – visão da customização/adaptação ou inovação em ação.
- Especificação do processo – quando de ajustes no ambiente tecnológico vigente – visão da customização/adaptação em ação.

O ambiente do ciclo de vida da mudança guarda as características estabelecidas na Figura 1.8.

A gestão impõe o conhecimento do conjunto de eventos organizacionais objeto de melhorias com o maximizar do desempenho ou o minimizar das falhas de seus recursos integrantes (problema flagrado ou previsto), conforme estabelecem as células da Figura 1.8 – a visão da gestão do conhecimento DEQ em ação (causas/efeitos; 5 Ws/2 Hs; vantagens/necessidades/restrições aplicadas a recursos humanos; materiais; tecnológicos; financeiros).

Estruturar os recursos integrantes do evento organizacional objeto da gestão, a partir do conhecimento adquirido por meio de *brainstorming*, deve ser efetuado com base nas vertentes "parâmetros da gestão" ou "natureza do problema" – lógica para o conteúdo das células da Figura 1.8 em ação.

Figura 1.8 – A lógica do modelo de gestão CCM, DEQ, SWOT, BSC, PMBOK(DEQ), BIN, Marca Própria

Quantificação		Indicadores – métricas		
Entidade objeto mudança / Vertente conhecimento		Causas/efeitos	5 Ws – 2 Hs	Vantagens necessidades restrições
estruturar evento	Natureza recurso			
Parâmetros da gestão ou Natureza do problema	Humano			
	Material			
	Tecnológico			
	Financeiro			

O processo decisório exercido com o modelo CCM; DEQ; SWOT; BSC; PMBOK (DEQ); BIN; Marca Própria guarda a lógica:

A análise da variação das métricas monetárias (MM) ou não monetárias (MNM) de indicadores de desempenho ou de falhas deve ser efetuada com a ótica de falhas versus *desempenho na perspectiva "vertente do conhecimento" e "entidade objeto mudança" (estruturar evento e natureza recurso) – parâmetros da gestão ou natureza do problema em ação – a visão da sustentabilidade tecnológica, econômica, social, ambiental.*

A sustentabilidade dos negócios é acompanhada pela variação das métricas (***MM*** ou ***MNM***) dos indicadores de desempenho ou das falhas nas dimensões:

- **sustentabilidade tecnológica**, ante o poder de transformação do processo/produto dos negócios por projetos de mudança – engenharia do produto em ação;
- **sustentabilidade econômica**, quando os reflexos das mudanças tecnológicas podem ser verificados com métricas monetárias (MM) que reflitam a capacidade de novos investimentos e desenvolvimento de esforços para novas mudanças com continuidade organizacional;

- **sustentabilidade social**, à medida que os reflexos da evolução tecnológica e econômica dos empreendimentos ocorrem no mercado, na comunidade de atuação e no âmbito dos colaboradores das empresas; e
- **sustentabilidade ambiental**, a partir das intervenções próprias ou por terceiros efetuadas tecnologias direcionadas ao ambiente externo organizacional – o ambiente do planeta Terra no foco.

A qualidade da gestão e da operação do negócio pode ser mensurada pela intensidade de ciclos de vida da mudança exercidos quando do ciclo de vida do negócio – indicadores e métricas para aferição da qualidade do ciclo de vida da mudança em ação.

Podemos monitorar a qualidade de ciclos de vida da mudança a cada período anual do ciclo de vida do negócio nos termos das variáveis – horizonte passado/presente/futuro em ação:

- o direcionamento das mudanças quando dos momentos da vertente falhas *versus* desempenho – projetos de Ação de Otimização (AO) (foco no maximizar do desempenho organizacional) ou de Medida de Proteção (MP), Medida de Proteção Preventiva (MPP), Medida de Proteção Detetiva (MPD) e Medida de Proteção Corretiva (MPC) (foco no minimizar das falhas organizacionais);
- a capacidade empresarial de enfrentar a concorrência propiciada pela mudança – gestão do conhecimento em ação;
- o impacto da mudança relacionado aos resultados e mensurado por métricas:
  - não monetárias (MNM) organizacionais apresentadas nos demonstrativos organizacionais (balanço intelectual, por exemplo) – **risco operacional e de mercado em ação**; e
  - monetárias (MM) empresariais apresentadas nos demonstrativos contábeis ou financeiros – **risco financeiro em ação**.
- A natureza da mudança em face do evento/recurso organizacional melhorado e classificado ante o parâmetro da gestão ou auditoria da gestão objeto de melhoria da qualidade – **parâmetros da gestão ou da auditoria da gestão em ação**;
- a intensidade da mudança em face da variação da métrica pré e pós o indicador de desempenho ou de falha relacionada à mudança – **quantificar a mudança em ação**;
- a capacidade dos profissionais integrantes do processo/produto da mudança de conviver com as contingências conforme a lógica da vertente contingências/incertezas/riscos – **gestão de pessoas em ação**;
- o transformar o comportamento profissional para aplicar as ferramentas exigidas por novos processos com alcance do conteúdo de novos instrumentos de natureza, produtos ou ambos, que integram as atividades organizacionais "objetos das mudanças" – **cultura organizacional em ação**; e
- a melhoria contínua do processo/produto organizacional na perspectiva da conformidade, customização ou inovação quando do "criar valor ao negócio" por executivos, gestores ou profissionais especializados – **capital intelectual em ação**.

A qualidade do ciclo de vida da mudança, para alcance da sustentabilidade dos negócios privados ou públicos, está diretamente correlacionada ao comportamento profissional em face das variáveis do decálogo da mudança:

- *gestão de projetos;*
- *gestão do conhecimento;*
- *risco operacional;*
- *risco de mercado;*
- *risco financeiro;*
- *parâmetros da gestão ou da auditoria da gestão;*
- *quantificar a mudança (indicadores/métricas);*
- *gestão de pessoas;*
- *cultura organizacional; e*
- *capital intelectual.*

O **risco operacional** diz respeito à mensuração com métricas não monetárias (MNM) de eventos contingentes do ambiente organizacional interno.

O **risco de mercado** diz respeito à mensuração com métricas não monetárias (MNM) de eventos contingentes do ambiente organizacional externo.

O **risco financeiro** diz respeito à mensuração com métricas monetárias (MM) de eventos contingentes internos ou externos ao negócio.

A Figura 1.9 estrutura a atuação de executivos, gestores e profissionais especializados perante a vertente problema/métrica/conhecimento/risco/decisão/mudança/solução – visão "ciclo de vida da mudança" – comportamento profissional ante a nova cultura organizacional em ação.

Figura 1.9 – A sintonia do ciclo de vida da mudança com o ciclo de vida do negócio. As variáveis para a qualidade da gestão de projetos integrada à gestão de negócios no momento do comportamento profissional ante a cultura organizacional

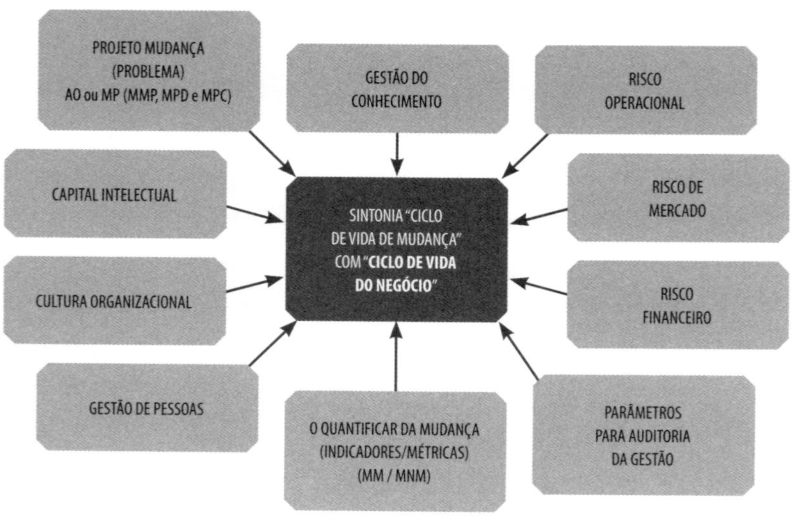

O "ciclo de vida do projeto de mudança" implica percorrer os parâmetros da vertente:

- Levantamento do problema, requisitos do projeto, escopo do projeto (protótipo), desenvolvimento do projeto e implantação com homologação da solução.
- *O ciclo de vida da mudança encapsula e incorpora o ciclo de vida do projeto de mudança – sintonia do "ciclo de vida da gestão de negócios" com o "ciclo de vida da gestão de projetos".*
- *Toda mudança é desenvolvida e instalada via projeto de mudança e moderada pelos fatores da vertente sustentabilidade tecnológica/econômica/social/ambiental.*

O fundamento para a sintonia do ciclo de vida da mudança com o ciclo de vida do projeto de mudança é espelhado com a ideia de:

As causas e os efeitos dos problemas organizacionais determinam os requisitos que são objeto da homologação dos projetos de mudança(s)/soluções sustentáveis viabilizadas por planos alternativos de ação.

A Figura 1.10 esquematiza a moderação exercida pelos fatores da sustentabilidade tecnológica, econômica, social e ambiental para um horizonte presente/futuro vencedor propiciado por projetos de mudança.

Figura 1.10 – Os fatores da sustentabilidade para moderação dos projetos de mudança

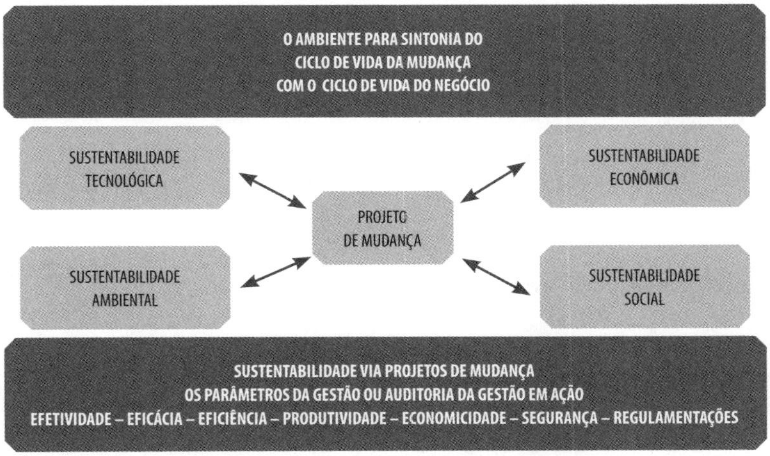

Os parâmetros da gestão ou da auditoria da gestão – efetividade, eficácia, eficiência, produtividade, economicidade, segurança e regulamentações – são os direcionadores dos projetos de mudança moderados pelas dimensões tecnológica, econômica, social e ambiental da sustentabilidade, segundo suas respectivas especificidades:

- **Efetividade** – cumprir o prometido, compromissado.
- **Eficácia** – atender às especificações estabelecidas para produtos, resultados ou serviços e concomitantemente satisfazer as necessidades dos consumidores/usuários. Fazer produtos ou prestar serviços por valores monetários e características compatíveis com os desejos de consumo de usuários ou clientes.

- **Eficiência** – usar os recursos disponibilizados aos processos organizacionais segundo suas características e especificações. Não ocorrer desperdícios.
- **Produtividade** – a relação entre eficácia e eficiência ou entre benefícios dos produtos ou resultados em face da natureza dos insumos e os custos usados nos processos para alcançar esses mesmos produtos ou resultados.
- **Economicidade** – adquirir os bens, recursos ou insumos para exercício dos processos por valores monetários justos.
- **Segurança** – integridade dos recursos alocados no processo ou dos produtos ou resultados gerados. Manter o processo/produto com as condições de estabilidade para que possa desempenhar suas funções:
    - **segurança física** – referente aos recursos materiais;
    - **segurança lógica** – modificação não autorizada de recurso tecnológico (ativo intangível);
    - **confidencialidade** – captação não autorizada de recurso tecnológico (ativo intangível);
    - **segurança ambiental** – integridade dos recursos componentes da infraestrutura de ambiente organizacional; e
    - **segurança ocupacional** – estabilidade física e mental de recurso humano.
- **Regulamentações** – atender a normas, manuais, legislação, práticas, regras, contratos, regulamentações determinadas ou preestabelecidas.

Os parâmetros da gestão ou da auditoria da gestão são fundamentos para tratar a variável problema/solução quando do exercício da metodologia da gestão ou da auditoria da gestão.

A qualidade dos processos decisórios deve ser mensurada com indicadores/métricas de desempenho ou da falha estruturados conforme as células da matriz da Figura 1.11.

Figura 1.11 – A qualidade dos processos decisórios
A perspectiva para estruturar/classificar a vertente problema/solução – indicadores/métricas de desempenho ou das falhas em ação

Natureza problema/solução \ Parâmetros gestão / auditoria gestão		Efetividade	Eficácia	Eficiência	Produtividade	Economicidade	Segurança	Regulamentação
Interno	Força							
	Fraqueza							
Externo	Oportunidade							
	Ameaça							

A qualidade das mudanças implica a atuação integrada das equipes de executivos, gestores, profissionais especializados e funcionários com as tecnologias de controle interno e risco para gestão ou auditoria da gestão dos negócios privados ou governamentais.

A Figura 1.12 apresenta células em que o especular e o tratar determinam o conteúdo da sintonia do ciclo de vida da mudança (problema, métrica, conhecimento, risco, decisão, mudança e solução) com o ciclo de vida do projeto de mudança (levantamento do problema, requisitos do projeto, escopo do projeto (protótipo), desenvolvimento do projeto e implantação com homologação da solução) – qualidade do processo/produto da mudança em ação.

Figura 1.12 – Qualidade das mudanças
Sintonia do ciclo de vida da mudança com o ciclo de vida do projeto de mudança

Ciclo vida mudança / Ciclo vida projeto mudança	Problema	Conhecimento	Risco	Decisão	Mudança	Solução
Levantamento problema						
Requisitos projeto						
Escopo projeto (protótipo)						
Desenvolvimento projeto						
Implantação homologação solução						

A qualidade da gestão e da operação do negócio é sustentada pelas variáveis explicitadas na Figura 1.13 – o modelo/metodologia para gestão de negócios privados ou governamentais CCM; DEQ; SWOT; BSC; PMBOK (DEQ); BIN; Marca Própria em ação:

- variável decálogo da mudança;
- variável ciclo de vida da mudança; e
- variável ciclo de vida do projeto de mudança.

Figura 1.13 – O controle interno/risco/auditoria para a qualidade da metodologia CCM/ DEQ/ SWOT/ BSC/ PMBOK (DEQ)/ BIN/ Marca própria
A sintonia do comportamento profissional / cultura organizacional, com as variáveis decálogo da mudança, ciclo de vida da mudança e ciclo de vida do projeto de mudança

A qualidade da gestão e da operação do negócio implica a aplicação das tecnologias de controle interno, de risco e de auditoria perante as variáveis: de decálogo da mudança; do ciclo de vida da mudança; e do ciclo de vida do projeto de mudança.

A motivação dos profissionais do negócio é fundamental para o sucesso do modelo de gestão de negócio preconizado.

A vertente "recompensa profissional" é de vital importância para a motivação dos profissionais do negócio e deve ser praticada com:

- a utilização do decálogo da mudança;
- o atendimento ao ciclo de vida da mudança; e
- o cumprimento do ciclo de vida do projeto de mudança.

As variáveis de decálogo da mudança, do ciclo de vida da mudança e do ciclo de vida do projeto de mudança são de uso definitivo nos modelos de gestão e de auditoria da gestão ao tratar a vertente de controle interno.

As tecnologias de gestão do conhecimento e de gestão do risco são direcionadas à conformidade, à customização e à inovação organizacional quando da aplicação das variáveis acima explicitadas – a visão para análise da sustentabilidade dos negócios.

1.4 Controle interno, risco e auditoria são tecnologias associadas à gestão da mudança para a sustentabilidade organizacional

A mudança é exercida via projetos e, portanto, a gestão da mudança compreende a gestão de projeto de mudança.

As tecnologias de controle interno, risco e auditoria destacam-se pela abrangência de utilização e firmeza no apoio à tomada de decisão e têm função decisiva nos processos decisórios empresariais – gestão de projeto de mudança como decorrência.

A aplicação das práticas inerentes a essas três tecnologias é objeto de interesse de cada profissional do negócio e, quando associadas ao modelo de gestão, elas (tecnologias e práticas) são direcionadas à mudança do processo/produto organizacional.

O gerenciamento da mudança necessita da integração dos vetores: gestão, decisão, aposta e mudança, controle interno, risco e auditoria, com a atuação de executivos, gestores, profissionais especializados e funcionários para alcance de cenários futuros do negócio vencedores – sustentabilidade em ação.

Mudança e sustentabilidade são duas ideias associadas.

A Figura 1.14 estabelece a interligação dos vetores:

- gestão; decisão; aposta;
- mudança organizacional;
- controle interno;
- risco; e
- auditoria.

Gestão é decisão e toda decisão é uma aposta de ocorrência ou não e de forma favorável ou desfavorável aos cenários do amanhã dos negócios – evento contingente em ação.

Toda decisão/aposta é contingente.

Desta forma, toda vertente gestão/decisão/aposta implica a ideia de mudança condicionada pela vertente contingência/incerteza/risco.

Figura 1.14 – As tecnologias para mudança organizacional – controle interno/risco/auditoria

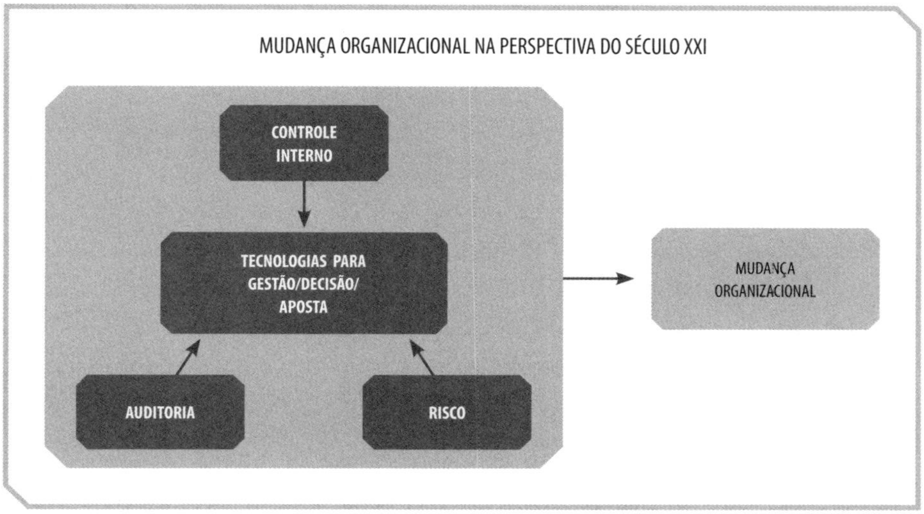

A necessidade do cumprimento da vertente gestão/decisão/aposta/mudança, alinhada ao alcance de novos e melhores patamares tecnológicos para o negócio, justifica a adequada sintonia das tecnologias controle interno, risco e auditoria com o modelo de gestão da mudança do empreendimento privado ou público.

A luta de executivos, gestores, profissionais especializados e funcionários para concretizar mudanças que alcancem cenários futuros vencedores é o desafio diário na condução dos empreendimentos – o convívio com as contingências é dever do profissional do negócio.[1]

A ideia de mudança está conectada à visão da sustentabilidade dos negócios privados ou governamentais à medida que a continuidade empresarial necessita de conformidade, customização e inovação para atender aos anseios dos acionistas e clientes – *stakeholders* privilegiados.

Na realidade, sustentabilidade reflete as ações de hoje na perspectiva do amanhã dos negócios e de nossa sociedade, sendo responsabilidade de todos, no ambiente interno ou externo organizacional, zelar pelo futuro do mercado e de suas entidades – organizações privadas ou governamentais em ação.

As atividades de mudança devem estar encapsuladas pela abordagem da sustentabilidade como motor para o desenvolvimento organizacional e de nossa sociedade.

A mudança deve atender, e ter como restrição, às necessidades de recursos das futuras gerações – mudança na perspectiva da sustentabilidade em ação.

[1] Para melhor conhecimento da vertente contingência/incerteza/risco, ver GIL, Antonio Loureiro. *Contingências em negócios*. São Paulo: Saraiva, 2011.

O atendimento das organizações à ideia de "mudança para a sustentabilidade" implica o exercício do modelo para operação e gestão dos negócios privados ou governamentais baseado nas tecnologias:

- controle interno;
- risco; e
- auditoria.

Estas tecnologias da gestão são norteadas por modalidades da mudança para maior qualidade da gestão da sustentabilidade dos empreendimentos privados ou governamentais.

A modalidade da mudança é o vetor inicial para o estudo do ciclo de vida da mudança com o qual podemos formalizar cenários futuros com as diretrizes de:

- conformidade – quando o processo/produto em prática é objeto de alterações no seu conteúdo ou sistemática para o cumprimento das práticas recomendadas ou padronizadas nos manuais, metodologias, normas, contratos, acordos de nível de serviços, regulamentações organizacionais ou legislação, e assim atender ao controle interno vigente;
- customização – o estímulo da busca de maior homogeneidade técnica-operacional no funcionamento do processo/produto do negócio é o foco para a atuação de gestores e profissionais da empresa – adequar o controle interno a novos patamares da qualidade organizacional.

Esta convergência das práticas organizacionais é alvo de *benchmark* com o processo de melhoria continuada e com o sistemático avanço dos empreendimentos privados ou públicos – mudança de patamar tecnológico no foco (*on the spot*).

A maior sinergia organizacional como objetivo da customização.

- **Inovação** – a qualidade da mudança levada ao seu extremo com o melhor do capital humano transformado no capital estrutural/organizacional a partir do pioneirismo nas novas abordagens de condução dos negócios privados ou governamentais – criar novos padrões para o controle interno organizacional.

A matriz da Figura 1.15 estabelece células para o estudo, com o desenvolvimento de conhecimento e especulação do risco, da hierarquia dos eventos organizacionais vitais à qualidade da operação e gestão dos negócios.

A necessidade de aposta de executivos, gestores, profissionais especializados e funcionários com discussão dos eventos empresariais decisivos, a cada momento histórico, para a qualidade dos cenários futuros desejados justifica as abordagens efetuadas com o conteúdo das células da matriz da Figura 1.15.

Figura 1.15 – Tecnologia *versus* modalidade para gestão e operação da qualidade da mudança

Tecnologia gestão operação / Modalidade mudança	Controle interno	Risco	Auditoria
Conformidade			
Customização			
Inovação			

A função administrativa "auditoria" verifica o conhecimento e o risco alcançados segundo as modalidades da mudança "conformidade", "customização" e "inovação", que envolvem qualidade da mudança em evolução.

Os questionários para apostas nos cenários do amanhã, elaborados, aplicados e com suas respostas analisadas por gestores do negócio são ferramenta fundamental dos modelos de gestão de negócios voltados aos eventos empresariais contingentes.

Esses questionários, elaborados com base no vetor do conhecimento DEQ – causas/efeitos; 5Ws/2Hs; vantagens/necessidades/restrições – visam melhor compreender as incertezas que cercam os eventos contingentes e proporcionar o cálculo do risco inerente às contingências com maior envolvimento e responsabilização de executivos, gestores e profissionais especializados com respeito ao horizonte presente/futuro organizacional.

Estes questionários utilizados por executivos, gestores e profissionais especializados devem obter respostas para uma visão do amanhã por meio do estudar e do especular e ao considerar os eventos organizacionais do horizonte passado/presente/futuro organizacional.

O especular em eventos organizacionais no horizonte de curto prazo é prática decisiva para o alcance da sustentabilidade dos negócios – horizonte presente/futuro em ação.

Os modelos para operação e gestão dos negócios focados nas mudanças dos eventos integrantes do futuro organizacional incorporam o especular referente à vertente contingência/incerteza/risco identificável e factível de ocorrência (controláveis ou não controláveis) nos cenários do amanhã – sustentabilidade em ação.

Os eventos organizacionais ou empresariais são compostos de recursos humanos, materiais, tecnológicos e financeiros, os quais, dentro de um entrosamento lógico, são os verdadeiros alvos e responsáveis finais pela vigência das mudanças – recursos dos eventos contingentes em ação.

A matriz da Figura 1.15 é instrumento integrante do modelo para gestão CCM; DEQ; SWOT; BSC; PMBOK (DEQ); BIN; Marca Própria.

A Figura 1.15 apresenta células para o estudo da qualidade da mudança e seu impacto quando da operação e gestão dos negócios privados ou governamentais na perspectiva do modelo CCM; DEQ; SWOT; BSC; PMBOK (DEQ); BIN; Marca Própria via os vetores:

- tecnologia controle interno; risco; auditoria; e
- modalidade conformidade; customização; inovação.

A dinâmica sustentável do negócio está baseada nos vetores:

- os eventos contingentes de curto prazo são apostados com base nos eventos conhecidos do horizonte passado/presente; e
- os eventos de médio e longo prazo são especulados com base nos eventos do horizonte passado/presente e, respectivamente, com aqueles eventos apostados de curto e médio prazo.

A dinâmica sustentável do negócio é a ideia central dos modelos de gestão ou de auditoria da gestão dos negócios de vanguarda, do século XXI.

Os questionários "apostas nos cenários futuros para a dinâmica sustentável do negócio" devem ser estruturados com a lógica dos vetores do conhecimento do modelo de gestão CCM; SWOT; BSC; PMBOK (DEQ); BIN; Marca Própria – a visão de gestão do conhecimento (causas/efeitos; 5 Ws/2 Hs; vantagens; necessidades; restrições).

As mudanças organizacionais são diretamente dependentes do capital intelectual vigente no ambiente organizacional e no mercado de atuação dos empreendimentos.

A qualidade das apostas nos cenários futuros para a dinâmica sustentável do negócio – a mudança em ação – é diretamente relacionada à qualidade do capital intelectual existente nos empreendimentos privados ou governamentais e é dependente do comportamento profissional/cultura organizacional.

O modelo *intelect* organiza a ideia de capital intelectual nos termos de:

- O **capital humano** é inerente ao recurso humano integrante do ambiente organizacional e corresponde à sua capacidade de realizar trabalho com subsequente solução de problemas organizacionais;
- O **capital estrutural ou organizacional** compreende o corpo de procedimentos e conhecimentos pertencente ao empreendimento e gerado por seu capital humano ou adquirido perante a sociedade da qual a entidade é parte integrante;
- O **capital relacional** como o conjunto de tecnologias e conhecimentos praticados na cadeia de suprimentos (*supply chain*) reflete o capital humano e o capital estrutural/organizacional compartilhado por organizações de atuação integrada.

A Figura 1.16 correlaciona a lógica para cenários futuros organizacionais sustentáveis em virtude da dependência da qualidade da mudança diante da qualidade do:

- capital intelectual – capital humano; capital estrutural/organizacional; capital relacional;
- comportamento profissional/cultura organizacional.

Figura 1.16– Lógica dos cenários futuros organizacionais sustentáveis

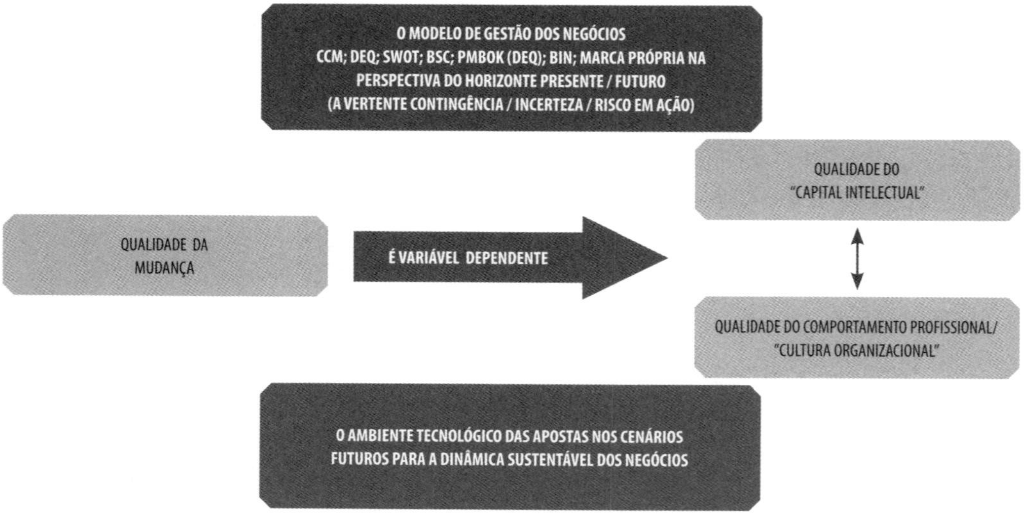

O ambiente tecnológico das apostas nos cenários futuros para a dinâmica sustentável dos negócios deve ser amparado por – **questionários para apostas nos cenários futuros para a dinâmica sustentável dos negócios** em ação:

- A maturidade de práticas e resultados com os projetos de mudança concretizados – a experiência profissional e da organização em ação;
- O cumprimento dos vetores do ciclo de vida da mudança e do ciclo de vida do projeto de mudança;
- O atendimento aos parâmetros da modalidade e da origem da mudança.

A Figura 1.17 estabelece a maturidade de práticas e resultados dos projetos de mudança estabelecida a partir do encapsular do modelo de gestão de projetos PMBOK (DEQ) pelo modelo de gestão de negócios CCM; DEQ; SWOT; BSC; BIN; Marca Própria.

Figura 1.17– O modelo de gestão de projetos como subconjunto do modelo de gestão de negócios

A qualidade da sustentabilidade organizacional está vinculada ao conteúdo das células obtidas no relacionamento dos vetores do ciclo de vida da mudança com o ciclo de vida do projeto de mudança – conforme a estrutura da Figura 1.12.

A associação da ideia de capital intelectual com o ciclo de vida da mudança viabiliza o estudo mais profundo das origens e modalidades das mudanças empresariais.

A experiência profissional (capital humano + comportamento profissional) associada à experiência organizacional (capital estrutural + cultura organizacional) é elemento essencial para metodologias de gestão sustentáveis.

A origem da mudança – *top-down* ou *bottom-up* – preestabelece a necessidade de envolvimento de todas as áreas e profissionais das linhas de negócios das organizações privadas ou governamentais.

A dinâmica do controle interno é exercida com o conceito de modalidade da mudança – conformidade; customização; inovação – e contribui para a sustentabilidade organizacional.

1.5 A natureza do controle interno, do risco e da auditoria para a gestão da sustentabilidade dos negócios privados ou governamentais

As tecnologias para mudança organizacional assumem práticas diversas nas linhas de produtos e serviços das organizações.

Dentre estas tecnologias para mudanças organizacionais, podemos destacar:

O controle interno é decisivo ao balizar as práticas e os resultados das mudanças introduzidas no processo/produto empresarial.

As modalidades das mudanças buscam o alcance dos padrões definidos pelas práticas de controle interno vigente (visão "conformidade") e concomitantemente alteram esses mesmos padrões integrantes do controle interno, sendo o eixo central do processo evolucionário empresarial (visões "customização" ou "inovação").

O controle interno é definido por associações de profissionais, entidades de classe ou órgãos governamentais que buscam nortear o uso de conceitos e práticas com a estruturação das ideias relacionadas à qualidade da gestão e com o estabelecimento de requisitos definidos como boas práticas para os negócios – taxonomia do controle interno em ação.

Observação: "a taxonomia é um sistema para classificar e facilitar o acesso à informação e que tem como objetivo representar conceitos por meio de termos, agilizar a comunicação entre especialistas e entre estes e outros públicos, encontrar o consenso, propor formas de controle da diversidade de significação e oferecer um mapa de área que servirá como guia em processos de conhecimento. É, portanto, um vocabulário controlado de uma determinada área do conhecimento, e acima de tudo um instrumento ou elemento de estrutura que permite alocar, recuperar e comunicar informações dentro de um sistema, de maneira lógica".[2]

A ideia de controle interno tem evoluído nos aspectos de abrangência e intensidade de aplicação, sendo objeto de caracterizações por diversas entidades privadas ou governamentais como:

- American Institute of Certified Public Accountants (AICPA);
- Committee of Sponsoring Organizations (COSO);
- Instituto Brasileiro dos Contadores (Ibracon);
- International Organization of Supreme Audit Institutions (Intosai);
- Conselho Federal de Contabilidade (CFC);
- Departamento do Tesouro Nacional (Brasil);
- International Federation of Accountants (IFAC);
- Office of the Auditor General of Canada (OAG);
- Organización Latinoamericana y del Caribe de Entidades Fiscalizadoras Superiores (OLACEF);
- Control Objectives for Information and Related Technology (COBIT).

A evolução da ideia de controle interno deve ser vista no contexto da hierarquia ou ênfase às modalidades conformidade, customização, inovação da gestão das mudanças organizacionais.

O risco como tecnologia quantitativa para condução dos processos decisórios no sentido de *benchmark* entre as opções de solução aos problemas detectados – ciclo de vida da mudança organizacional em ação.

Toda mudança é uma aposta e, portanto, é contingente.

O risco é apurado a partir da modelagem matemática que considera as incertezas das contingências empresariais.

[2] TERRA, J. C. C. et al. *Taxonomia: elemento fundamental para gestão do conhecimento*. Terra Fórum. 2 out. 2010.

As causas e os efeitos caracterizam, no horizonte presente/futuro do negócio, as incertezas quanto a:

- possibilidade de ocorrência da contingência; e
- intensidade de benefícios ou malefícios da contingência.

As contingências são eventos do amanhã a respeito dos quais necessitamos do máximo de conhecimento acerca de suas condições de ocorrência (incertezas que cercam as contingências).

O clarear as contingências corresponde ao gerar conhecimento acerca dos eventos e seus recursos integrantes no amanhã das entidades (eventos contingentes).

A qualidade dos modelos de gestão implica:

- clarear as contingências por meio da gestão do conhecimento sustentada pelo vetor causas e efeitos para melhor conhecer as incertezas dos eventos contingentes; e
- calcular o risco para melhor escolha ante a maior possibilidade de acerto quanto a estrutura e conteúdo (recursos humanos, materiais, tecnológicos e financeiros) dos eventos dos cenários do amanhã das organizações.

O tratar a vertente contingência/incerteza/risco é fundamento para modelos de gestão das mudanças organizacionais.

A auditoria com sua abordagem de revisão das práticas de mudança e foco:

- na busca da confirmação do controle interno existente; e
- no redirecionamento com escolha, ao mensurar o risco, das hipóteses de solução propostas, instaladas ou recomendadas para melhorias no controle interno.

A tecnologia de auditoria usa a tecnologia de risco nos momentos prioritários de:

- escolha de pontos de controle a verificar; e
- aposta quanto às recomendações mais adequadas para solução dos problemas objeto de validação e avaliação.

As recomendações e opiniões da auditoria são sustentadas por provas obtidas a partir das análises realizadas com os resultados dos testes efetuados.

Auditoria é função administrativa para mudança. As recomendações devem ter qualidade para alcance dos efeitos da decisão.

A auditoria é a função administrativa responsável pelos processos de mudança organizacional.

A qualidade da auditoria é enxergada a partir das verificações efetuadas e recomendações dadas para:

- o alcance do nível de conformidade;
- a intensidade da homogeneização das práticas organizacionais obtidas a partir da natureza e utilidade das customizações efetuadas; e
- o impacto da mudança gerada em face dos tipos das inovações introduzidas no processo/produto dos negócios.

A auditoria impõe novos patamares de controle interno.

A auditoria visa à qualidade da mudança com sua abordagem de revisão das práticas, modelos e metodologias utilizados para gestão do negócio.

A qualidade da mudança está diretamente relacionada a natureza e utilidade das ferramentas e instrumentos integrantes dos pacotes tecnológicos que compõem o modelo da gestão ou da auditoria da gestão praticados no negócio.

Os pacotes tecnológicos do modelo CCM; DEQ; SWOT; BSC; PMBOK (DEQ); BIN; Marca Própria incorporam, dentre outros:

- as tecnologias de controle interno, risco e auditoria; e
- os instrumentos planos de negócios, planos estratégicos ou táticos, relatórios de problemas e relatórios de mudanças.

Ferramentas aplicadas aos processos e instrumentos com o conteúdo dos resultados são entidades fundamentais para a qualidade do ciclo de vida da mudança. Estes instrumentos da gestão associados às práticas da mudança são norteados pela lógica das tecnologias integrantes dos pacotes tecnológicos do modelo de gestão CCM; DEQ; SWOT; BSC; PMBOK (DEQ); BIN; Marca Própria.

A Figura 1.18 esquematiza a sintonia, no ambiente do modelo de gestão de negócios CCM; DEQ; SWOT; BSC; PMBOK (DEQ); BIN; Marca Própria, de tecnologias com instrumentos para exercício dos processos de mudança de natureza conformidade, customização e inovação.

Figura 1.18 – Modalidades da mudança – as tecnologias e os instrumentos para gestão e operação dos negócios

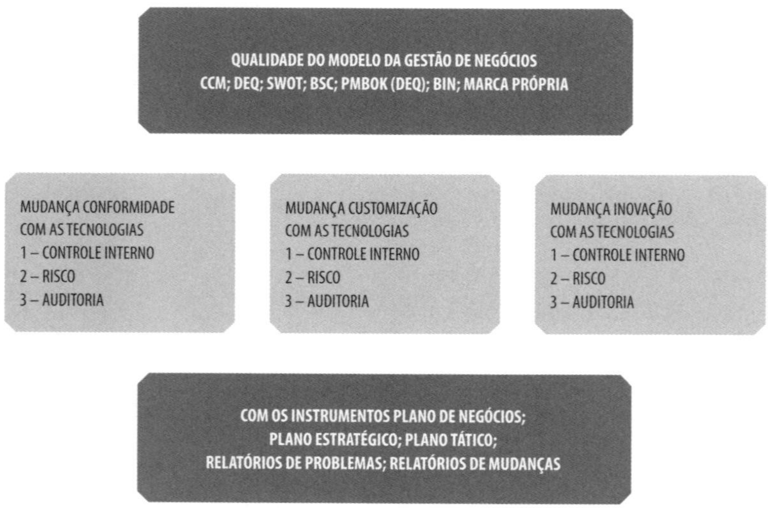

Os instrumentos utilizados na gestão e operação dos negócios e resultantes da aplicação das tecnologias controle interno, risco e auditoria têm as seguintes características:

- **Plano de negócios** com o delineamento da natureza da entidade, de suas linhas de negócios ou serviços, de seus recursos integrantes, da lógica de seu funcionamento e das suas perspectivas de continuidade operacional e de crescimento.
- **Planos estratégicos ou táticos** com a formalização da visão de futuro do negócio a partir do compromisso dos profissionais do negócio com a solução dos problemas agressivos à continuidade organizacional:

- Plano estratégico estruturado a partir das vertentes associadas à ideia de estratégia:
- Toda estratégia é uma hipótese para solução de um problema;
- Toda hipótese é uma solução não comprovada – a estratégia incorpora a linha de conduta lógica do corpo diretivo organizacional para alcance de solução ótima aos problemas do negócio; e
- Plano tático implica o desenvolvimento e instalação de um projeto de mudança na perspectiva do maximizar o desempenho ou do minimizar a falha de recurso integrante de evento organizacional – o momento tático organizacional compreende o conjunto de ferramentas e instrumentos aplicados na construção e instalação de uma solução (projeto) e deve estar alinhado ao momento estratégico preconizado como solução ao problema flagrado.

- **Relatórios de problemas** com a natureza:
  - das forças não usadas;
  - das fraquezas não solucionadas;
  - das oportunidades não aproveitadas; e
  - das ameaças não enfrentadas, além da classificação e especificação dos problemas para melhor gestão dos negócios.
- **Relatórios de mudanças** com as ações e impactos advindos dos processos de transformação empresarial.

As tecnologias e os instrumentos são entidades importantes para o exercício da gestão das mudanças no processo/produto dos empreendimentos.

A Figura 1.19 estabelece as células para o exercício da sintonia de tecnologias e instrumentos no âmbito da metodologia CCM; DEQ; SWOT; BSC; PMBOK (DEQ); BIN; Marca Própria.

Figura 1.19 – Tecnologias *versus* instrumentos do modelo da gestão de negócios CCM; DEQ; SWOT; BSC; PMBOK (DEQ); BIN; Marca Própria

Instrumentos / Tecnologias	Plano de negócios	Planos		Relatório de problemas	Relatório de mudanças
		Estratégico	Tático		
Controle interno					
Risco					
Auditoria					

A ideia da sustentabilidade organizacional é objeto do conteúdo de:

- plano de negócios;
- plano estratégico;
- plano tático;
- relatório de problemas; e
- relatório de mudanças.

Exercícios de revisão

1. Escreva um miniartigo (100 linhas): "A dinâmica da gestão/operação dos negócios privados ou governamentais no século XXI – A lógica para análise do ciclo de vida do risco". Utilize o conteúdo da Figura 1.1.
2. Escreva um miniartigo (100 linhas): "O exercício da premissa básica de inter-relacionar as metodologias da gestão e da auditoria da gestão. A vertente problema/contingência/risco/solução e suas visões lógicas da mudança". Utilize o conteúdo da Figura 1.2.
3. Escreva um miniartigo (100 linhas): "O modelo/metodologia para gestão do ciclo de vida do negócio – CCM; DEQ; SWOT em ação – o momento engenharia do processo". Utilize o conteúdo das Figuras 1.3, 1.6 e 1.7.
4. Apresente a lógica do eixo central do processo/produto de mudança organizacional na perspectiva da sintonia da gestão de pessoas com a gestão de negócios com o uso das ferramentas "controle interno; risco; auditoria para gestão". Utilize o conteúdo das Figuras 1.4 e 1.5.
5. Debata a lógica do processo decisório do modelo de gestão CCM; DEQ; SWOT; BSC; PMBOK (DEQ); BIN; Marca Própria. Utilize o conteúdo da Figura 1.8.
6. Discuta a atuação de executivos, gestores e profissionais especializados perante o ciclo de vida da mudança (vetores da vertente problema/métrica/conhecimento/risco/decisão/mudança/solução), com as variáveis para a qualidade da sintonia do "ciclo de vida da mudança" com o "ciclo de vida do negócio" – comportamento profissional perante a cultura organizacional. Utilize o conteúdo da Figura 1.9.
7. Debata projetos de mudança direcionados pelos parâmetros da gestão ou da auditoria da gestão e moderados pelos fatores da sustentabilidade ante a natureza do problema/solução. Use as Figuras 1.10 e 1.11.
8. Explicite a qualidade da mudança a partir das células para sintonia do ciclo de vida da mudança com o ciclo de vida do projeto de mudança. Utilize o conteúdo da Figura 1.12.
9. Escreva um miniartigo (100 linhas): "A qualidade da gestão e operação do negócio" com as variáveis:
   - decálogo da mudança;
   - ciclo de vida da mudança; e
   - ciclo de vida do projeto de mudança – o modelo/metodologia CCM/DEQ/SWOT/BSC/PMBOK (DEQ)/BIN/Marca Própria – o controle interno, o risco e a auditoria em ação.

   Utilize o conteúdo da Figura 1.13.
10. Apresente as tecnologias para mudança organizacional. Utilize o conteúdo da Figura 1.14.
11. Correlacione as tecnologias *versus* modalidades para gestão e operação da qualidade da mudança. Utilize o conteúdo da Figura 1.15.
12. Discuta a lógica dos cenários futuros organizacionais sustentáveis. Utilize o conteúdo da Figura 1.16.
13. Explicite a lógica da maturidade de práticas e resultados de projetos de mudança (Figura 1.17).

14. Explane as modalidades da mudança com foco nas tecnologias e nos instrumentos para gestão e operação dos negócios. Utilize o conteúdo da Figura 1.18.

15. Discuta as células da figura 1.19 na perspectiva de instrumentos *versus* tecnologias incorporadas pelo modelo de gestão CCM; DEQ; SWOT; BSC; PMBOK (DEQ); BIN; Marca Própria.

16. Apresente a ideia da gestão da mudança na perspectiva da sustentabilidade organizacional.

capítulo

2

A gestão e a auditoria sustentada pela gestão de pessoas na perspectiva do controle interno e do risco

Objetivos

- Iremos, neste capítulo, introduzir o modelo para gestão das mudanças das entidades privadas ou governamentais CCM; DEQ; SWOT; BSC; PMBOK (DEQ); BIN; Marca Própria e a visão do comportamento/risco/problema/estratégia/tática/recompensa no foco.
- Será discutido o modelo da gestão de negócios na perspectiva dos projetos de mudança, com ênfase na continuidade operacional das organizações – a vertente problema/métrica/conhecimento/risco/decisão/mudança/solução em ação.
- Trabalharemos a gestão de negócios com foco na qualidade da sustentabilidade empresarial, com as entidades de controle interno e risco como fundamento.
- Expor o modelo para auditoria da gestão e operação das mudanças empresariais de natureza AUD; CCM; DEQ; SWOT; BSC; PMBOK (DEQ); BIN; Marca Própria.
- Será enfatizada a importância da gestão de pessoas – na perspectiva da tecnologia *Cross Cultural Management* (CCM) (as culturas interáreas organizacionais) – como eixo fundamental para a gestão dos negócios privados ou governamentais e a vertente capital humano/capital estrutural/comportamento profissional/cultura organizacional.
- Apresentaremos instrumentos para documentação do processo/produto da mudança nas práticas organizacionais.
- Estabeleceremos a eficácia de relatórios, telas e conteúdo de bancos de dados do ciclo de vida da mudança com ênfase no seu uso por executivos, gestores e profissionais especializados.

Resumo

A mudança do processo/produto organizacional requer a aplicação do vetor recompensa profissional com o reconhecer a participação individual ou por equipe dos profissionais da organização ou de entidades terceiras com a emissão do balanço intelectual (BIN) e do certificado da Marca Própria – a metodologia da gestão ou da auditoria da gestão em ação.

A qualidade do uso dos vetores gestão do conhecimento e gestão do risco é determinante para a correta gestão da mudança com foco nos parâmetros conformidade, customização e inovação.

A sintonia da cultura organizacional com o comportamento profissional determina a confiança e a reputação da organização e do profissional ante o mercado e a sociedade.

A tecnologia para gestão de pessoas como sustentação da metodologia para gestão da mudança.

2.1 A gestão da mudança como diferencial competitivo dos negócios

É importante destacar os vetores determinantes da qualidade (modalidade *versus* origem) e da intensidade (qualificar/ponderar/quantificar) da mudança, os quais são estabelecidos pela matriz da Figura 2.1.

Figura 2.1 – Modalidade *versus* origem da mudança do negócio (qualidade da mudança) – maximizar o desempenho ou minimizar a falha – qualificar/ponderar/quantificar

Modalidade Mudança / Origem Mudança	Inovação	Customização	Conformidade
Bottom-up			
Top-down			

As mudanças são de origem interna ou externa aos negócios e estruturadas conforme as modalidades destacadas a seguir:

- **Mudança conformidade**: os profissionais do negócio buscam atender aos padrões de desempenho formatados nas normas, contratos, modelos, manuais, rotinas organizacionais – com origem *top-down,* da alta administração, ou *bottom-up,* por iniciativa dos funcionários (mudança interna de natureza "conformidade ao controle interno").
- **Mudança inovação**:
  - os executivos e os gestores criam novas práticas para o negócio ou estabelecem novas linhas de atuação empresarial – é a origem da mudança inovação *top-down;*
  - por sugestão de profissional especializado ou de funcionário da organização, uma nova prática do processo/produto é proposta e instalada – é a origem da mudança inovação *bottom-up* (mudança interna de natureza "inovação ao controle interno").

- **Mudança customização**: é de origem externa ou interna às entidades e diz respeito às adaptações das atividades organizacionais; é determinada por necessidade de maior homogeneidade do processo/produto do negócio – maior sinergia para maior poder de competitividade (mudança interna ou externa de natureza "customização ao controle interno"):
  - é realizada por executivos ou gestores responsáveis pela condução do negócio para alcance das metas empresariais (origem *top-down*);
  - é praticada por profissionais especializados e funcionários ciosos da importância da equalização tecnológica dos processos/produtos exercidos (origem *bottom-up*).

A intensidade da mudança implica :

- **qualificar** a mudança com uso das ferramentas e alcance dos instrumentos da gestão do conhecimento;
- **ponderar** os votos aplicados por equipe de votação consoante a experiência e nível de interesse do votante ante o desempenho buscado ou a falha encontrada ou apostada;
- **quantificar** as métricas ou estabelecer o risco dessas métricas de indicadores de desempenho ou falha – gestão do risco em ação.

Os modelos de recompensa profissional tratam as mudanças com foco na ponderação daquelas que são alinhadas com as estratégias organizacionais conforme a lógica:

- Estabelecer as mudanças de origem *bottom-up* com maior nível de ponderação do que as de origem *top-down* (Figura 2.1). Inclusive, com escala ascendente para ponderação da mudança do patamar inferior "mudança conformidade" ao superior "mudança inovação".
- Considerar os projetos de mudança de "origem/modalidade *bottom-up*/inovação" com maior pontuação e recompensa profissional do que os de "origem/modalidade *top-down*/conformidade" (Figura 2.1).
- Gerar o balanço intelectual (BIN) e o certificado da Marca Própria com apresentação prioritária dos projetos com maior nível de ponderação e consequentemente maior intensidade de recompensa profissional.
- Usar escala de votação para pontuar os projetos de mudança conforme sua origem/modalidade, inclusive para efeito "recompensa profissional", com os critérios:
  - *bottom-up*/inovação – nota 10;
  - *bottom-up*/customização – nota 8;
  - *bottom-up*/conformidade e *top-down*/inovação – nota 6;
  - *top-down*/customização – nota 4;
  - *top-down*/conformidade – nota 2.

Direcionar o trabalho e os esforços para as mudanças dos profissionais dos negócios privados ou governamentais é o foco para maior pontuação das inovações de origem *bottom-up*.

Os modelos de gestão de negócios privados ou públicos devem contemplar:

- a sintonia dos vetores "modalidades da mudança" e "origem das mudanças" é determinante para a correta aplicação da tecnologia do controle interno;

- as tecnologias de risco e de auditoria atuam para o alcance da qualidade máxima da aplicação da tecnologia do controle interno.

As tecnologias para gestão e operação dos negócios são fundamentais para o exercício do modelo da gestão CCM; DEQ; SWOT; BSC; PMBOK (DEQ); BIN; Marca Própria, à medida que se integram com as ferramentas e instrumentos de controle interno, risco e auditoria.

A sistemática para sustentabilidade das entidades de sucesso do século XXI é exercida com a integração das práticas e dos resultados da gestão, auditoria, controle interno e risco.

A vigência de um conjunto de tecnologias (ferramentas e instrumentos) como diretriz para a qualidade das metodologias para gestão ou auditoria da gestão dos negócios é indispensável ao êxito do ciclo de vida da mudança estabelecida na visão *top-down* ou *bottom-up* das entidades privadas ou governamentais.

A mudança "conformidade ao controle interno" busca a qualidade organizacional via convergência dos processos/produtos do negócio aos padrões estabelecidos – homogeneidade administrativa, financeira, técnica, operacional e comportamental com o objetivo de buscar e alcançar quando do processo/produto nos diversos níveis, áreas e momentos do negócio.

A mudança "inovação ao controle interno" visa elevar o patamar das práticas empresariais a melhores e diferenciados níveis de qualidade do processo/produto com relação àqueles vigentes no mercado ou na sociedade – *benchmark*/confrontação das tecnologias usadas em momentos históricos distintos ou no mesmo momento histórico entre as organizações.

A mudança "customização ao controle interno" tem por objetivo dar maior homogeneidade ao cumprimento do controle interno e às práticas organizacionais para alcançar maior integração de recursos de sorte a garantir um adequado equilíbrio e sinergia ao processo/produto das diversas linhas de produtos ou serviços.

Mudanças impactam o controle interno como entidade determinante da qualidade da gestão ou da auditoria da gestão.

Conforme a origem da mudança, há organizações que contemplam maior importância e ponderação para mudanças *bottom-up*, tanto para efeito de recompensa profissional quanto para a qualidade da gestão ou da auditoria da gestão, principalmente quando são feitas avaliações econômico-financeiras por entidades investidoras ávidas por maximizar o retorno de seus investimentos:

Há maior apetite dos investidores por ações daquelas organizações onde:

- a intensidade de projetos de mudança de origem *bottom-up* é majoritária ante os de origem *top-down*;
- a força da mudança de natureza "inovação ao controle interno" é superior ante a "customização do controle interno" e desta diante da "conformidade do controle interno".

É importante destacar que todas as definições de controle interno, de entidades privadas ou governamentais, contemplam e são alinhadas com os vetores da sistemática da gestão, tais como:

- plano organizacional ou de negócios;
- eficiência e eficácia operacional;
- cumprir a legislação;
- dirigir e controlar atividades;

- delegar competências;
- reajustar operações à estrutura preestabelecida;
- proteger os ativos (patrimônio);
- atender às políticas administrativas;
- a integridade das informações organizacionais;
- definir objetivos de controle;
- eventos organizacionais indesejados serão evitados, detectados e corrigidos; e
- alcançar objetivos dos negócios.

A tecnologia de gestão de risco como prática para hierarquia, *com foco na relação custo/benefício* da atuação da gestão ou da auditoria da gestão dos negócios privados ou públicos, é vital em face da quantidade de vetores contemplados nas definições de controle interno das diversas entidades particulares ou governamentais que o caracterizam.

A questão primeira para discutir a utilização da ideia de controle interno como entidade de utilidade à metodologia da gestão ou à auditoria da gestão dos negócios é:

- Qual definição do controle interno será contemplada e qual vetor do controle interno será escolhido para atuação da gestão ou da auditoria da gestão organizacional – taxonomia do controle interno em ação?

A necessidade de hierarquia dos diversos vetores de controle interno quando da busca dos objetivos da gestão ou da auditoria da gestão impõe mudanças na forma de consumo destes e no uso ou aplicação das metodologias para gestão ou auditoria da gestão dos negócios – ciclo de vida da mudança das práticas empresariais em ação.

A transformação das células da matriz da Figura 2.1 nos planos estabelecidos na Figura 2.2 permite:

- um melhor estudo das mudanças, para efeito do atendimento dos parâmetros do controle interno – gestão do alcance/cumprimento ou melhoria do controle interno em ação;
- cálculo preciso do risco, com a consequente priorização das mudanças de maior impacto no maximizar desempenho ou no minimizar falhas – gestão do risco das mudanças em ação.

Determinar prioridade implica análise do risco.

- Facilitar o alcance do processo e obter o resultado da auditoria em face de o auditor exercer sua escolha para verificar as mudanças com base na análise das prioridades prévias determinadas por executivos, gestores e profissionais especializados quando do desenrolar dos processos decisórios.

A lógica do processo/produto da auditoria implica a gestão da auditoria, com a revisão de pontos de controle e do estabelecer e instalar recomendações com foco nas mudanças em ação – a função administrativa auditoria como indispensável ao exercício das demais funções administrativas (planejamento, execução e controle).

Os planos estruturados na Figura 2.2 viabilizam o estudo da importância da gestão e da auditoria da gestão da mudança para a sustentabilidade dos empreendimentos privados ou públicos.

Figura 2.2 – Modalidades, origens e tecnologias do ciclo de vida da mudança

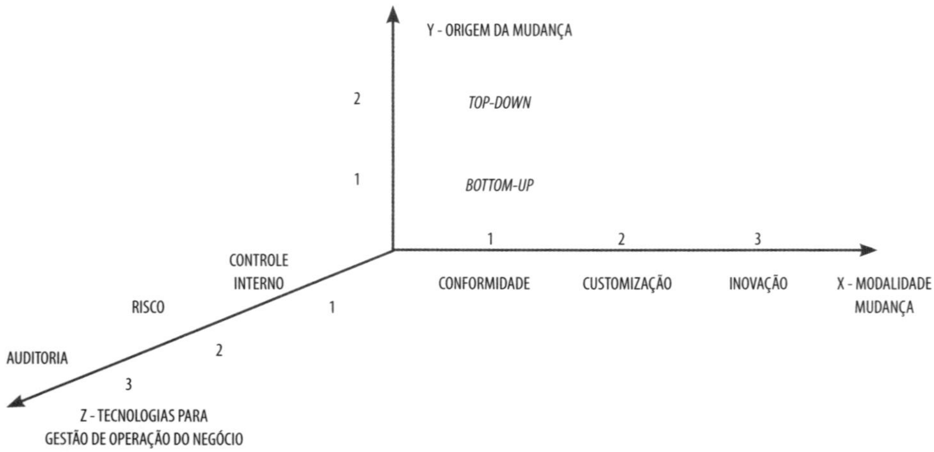

Os planos estabelecidos pela Figura 2.2 dizem respeito às mudanças, por exemplo:

- Plano (1; 1; 1) – para alcance de conformidade e de origem *bottom-up* para atender às tecnologias do controle interno.
  - Alterar o procedimento vigente (busca da conformidade) por sugestão de funcionário (origem *bottom-up*) para promover a obediência às diretrizes administrativas estabelecidas (controle interno).
- Plano (1; 2; 1) – para alcance de conformidade e de origem *top-down* para atender às tecnologias do controle interno.
  - Usar novo *software* para atuar no processo ou alcançar o produto (busca da conformidade) por determinação da alta administração (origem *top-down*) para cumprir o plano de negócios (controle interno).
- Plano (1; 1; 2) – para alcance de conformidade e de origem *bottom-up* para atender às tecnologias do risco.
  - Escolher a melhor prática (busca da conformidade) dentre aquelas sugeridas pelos funcionários (*bottom-up*) a partir do cálculo do risco para alcance do procedimento com maior possibilidade de sucesso de acordo com as normas que regem o processo do negócio.
- Plano (1; 2; 2) – para alcance de conformidade e de origem *top-down* para atender às tecnologias do risco.
  - Usar as funcionalidades (busca de conformidade) dos equipamentos designados pela direção do negócio (*top-down*) em face da escolha exercida (risco) dentre as opções de mercado vigentes.

- Plano (1; 1; 3) – para alcance de conformidade e de origem *bottom-up* para atender às tecnologias de auditoria.
  - Com objetivo de atender às regulamentações ou às práticas consagradas do negócio (visão conformidade) e com sugestões dos profissionais do negócio (origem *bottom-up*) exercer a revisão do processo/produto praticado nas diversas atividades organizacionais (função administrativa auditoria).
- Plano (1; 2; 3) – para alcance de conformidade e de origem *top-down* para atender às tecnologias de auditoria.
  - Obediência às regulamentações (conformidade) aprovadas ou ditadas pela alta administração (origem *top-down*) por meio do teste, da recomendação e da emissão de opinião por grupo de profissionais independentes dos funcionários responsáveis por realizar as tarefas verificadas (função administrativa auditoria).

As modalidades customização/adaptação e inovação devem ser exercidas por analogia à modalidade conformidade em face dos planos apresentados na Figura 2.2.

A correta utilização da lógica contemplada nos planos da Figura 2.2 é requisito básico para a qualidade da sustentabilidade dos negócios objeto de metodologias da gestão ou da auditoria da gestão.

A utilidade dos vetores do ciclo de vida da mudança (modalidades/origens/tecnologias) está no estruturar, prever e facilitar o entendimento dos efeitos da ação/decisão/recomendação/projeto objeto das metodologias para gestão ou auditoria da gestão quando maximizar o desempenho ou minimizar as falhas no horizonte presente/futuro dos negócios privados ou governamentais.

A análise do impacto da mudança na sustentabilidade dos negócios deve utilizar práticas que digam respeito ao vetor informação/conhecimento.

O requisito-chave para o sucesso da mudança ao elevar o processo/produto dos negócios a novos patamares tecnológicos passa pela sintonia dos modelos da gestão e de auditoria da gestão norteados pelas tecnologias de controle interno e de risco submetidas às práticas de auditoria.

2.2 Os processos decisórios realizados com o modelo para gestão da mudança nos negócios

Os processos decisórios encapsulados por controle interno, risco e auditoria exibem maior qualidade quando da especulação das informações acerca do evento empresarial, no horizonte passado/presente/futuro, com a geração de maior e melhor conhecimento via o modelo para gestão CCM; DEQ; SWOT; BSC; PMBOK (DEQ); BIN; Marca Própria.

O modelo da gestão CCM; DEQ; SWOT; BSC; PMBOK (DEQ); BIN; Marca Própria é estruturado como:

- **CCM** – comportamento funcional do profissional ante a cultura organizacional;
- **DEQ** – falhas *versus* desempenho; contingência/incerteza/risco; indicadores/métricas;

- **SWOT** – problemas de natureza interna ou externa ao negócio;
- **BSC** – da estratégia à ação tática (hipótese/solução/homologação);
- **PMBOK(DEQ)** – projetos de mudança (visão DEQ) – requisitos/escopo/protótipo; desenvolvimento; instalação; homologação/aceitação da ação tática – na perspectiva "falhas *versus* desempenho" – contingência/incerteza/risco;
- **BIN** – demonstrativo da evolução tecnológica do negócio; e
- **Marca Própria** – certificado de participação do profissional.

O tratamento da informação para o alcance de conhecimento pode ser efetuado segundo os vetores referenciados por palavras-chave da vertente comportamento (CCM); risco (DEQ); problema (SWOT); estratégia (BSC); tática (PMBOK); recompensa (BIN; Marca Própria), relativa ao modelo de gestão mencionado (vetores do conhecimento do modelo de gestão CCM; DEQ; SWOT; BSC; PMBOK (DEQ); BIN; Marca Própria):

- As causas ou efeitos inerentes à informação sob processo de análise;
- A criação de questionário norteado por 5 Ws e 2 Hs.
  - *Who* – quem é responsável pelas causas ou quem sofre os efeitos no evento estudado?
  - *What* – o que é o evento estudado e quais são suas causas e efeitos?
  - *Why* – por que as causas e os efeitos do evento organizacional ocorrem?
  - *When* – quando causas, eventos organizacionais e efeitos acontecem?
  - *Where* – onde, no fluxo de trabalho, causas, eventos organizacionais e efeitos são vigentes?
  - *How* – como causas, eventos e efeitos existem ou funcionam?
  - *How much/How many* – quantas vezes ou quanto é o custo de causas, eventos e efeitos?
- As vantagens/necessidades/restrições associadas aos dois vetores anteriores (causas/efeitos; 5 Ws; 2 Hs).
  - Quais são as vantagens inerentes às causas ou aos efeitos?
  - O que é necessário para a ocorrência das causas ou dos efeitos?
  - Quais as restrições vigentes para causas ou efeitos?

Ter maior conhecimento com o estudar, o analisar e o especular as informações obtidas, pesquisadas e garimpadas é decisivo para o tratamento dos vetores da vertente contingência/incerteza/risco para maior certeza quanto à obtenção dos efeitos das decisões e recomendações necessárias à sustentabilidade organizacional.

A obtenção, pesquisa e garimpo das informações, com sua transformação no conhecimento de interesse para melhor tratamento das incertezas dos eventos organizacionais do horizonte presente/futuro, podem ser realizados com a aplicação de ferramentas de *business intelligence* (BI) e/ou de *competitive intelligence* (CI). O capítulo 5 explicita a tecnologia de BI ante o conceito de controle interno.

A partir da obtenção de respostas a questionários elaborados com as vertentes causas/efeitos; 5 Ws/ 2 Hs; vantagens; necessidades; restrições no ambiente da metodologia para gestão de negócios CCM; DEQ; SWOT; BSC; PMBOK; BIN; Marca Própria, a variável informação/conhecimento guarda a seguinte configuração:

- Melhor conhecimento da sintonia "comportamento profissional" com a "cultura organizacional" – na visão CCM – com o tratamento das informações referentes aos vetores crenças, valores, liderança, confiança e reputação inerentes a ou exercidos por executivos, gestores e demais profissionais especializados das entidades e responsáveis pela operação e gestão dos eventos organizacionais;
- Elevado grau de entendimento de cada vetor da vertente contingência/incerteza/risco – na visão DEQ – com especial dedicação à compreensão da importância do máximo conhecimento dos eventos contingentes – e de seus recursos integrantes –, de sorte a menor grau de incerteza quando da tomada de decisão como condição indispensável para uma acurada apuração do risco.
    - O entrosamento da visão qualitativa (informação/conhecimento) com a visão quantitativa (modelagem matemática do risco).
- Melhor compreensão da natureza, extensão e gravidade do problema flagrado:
    - na visão SWOT – com acurado entendimento da falha ou do insuficiente desempenho do recurso integrante do evento organizacional escolhido/apostado objeto de análise.
- Qualidade e quantidade da informação e subsequente tratamento na geração de conhecimento para alcançar estratégias – na visão BSC – factíveis e viáveis no amanhã dos empreendimentos.
    - Estratégia como hipótese a ser confirmada pela solução do problema por meio da ação tática – projetos de Ação de Otimização (AO) ou de Medida de Proteção (MP).
    - A variação com alternância de estratégias é fundamento para sustentabilidade das entidades privadas ou públicas.

A revogação do paradigma: "em time que está vencendo não se mexe".

- Aumentar a força/ênfase à tática organizacional – na visão PMBOK (DEQ) – com informações e consequente conhecimento gerado acerca do processo/produto de projetos de mudança.
    - O conhecer com profundidade a relação causas/efeitos com os requisitos dos projetos e com sua futura homologação.
- O melhor espelhar a evolução tecnológica do negócio e de sua capacidade de influir e formatar a sustentabilidade organizacional e de seu mercado/sociedade – na visão balanço intelectual/certificado da marca própria.
    - A especificação da recompensa profissional como força indutora/motriz da qualidade das mudanças organizacionais.

A Figura 2.3 estabelece as células para gerar conhecimento para a tomada de decisão quanto à vertente da gestão comportamento (CCM); risco (DEQ); problema (SWOT); estratégia (BSC); tática (PMBOK); recompensa (BIN/Marca Própria) – o modelo da gestão CCM; DEQ; SWOT; BSC; PMBOK (DEQ); BIN; Marca Própria em ação.

Figura 2.3 – A gestão da mudança na perspectiva da gestão do conhecimento *versus* a gestão do negócio

Gestão Conhecimento / Gestão Negócio	Causas Efeitos	5 Ws/2 Hs	Vantagens Necessidades Restrições
Comportamento (CCM)			
Risco (DEQ)			
Problema (SWOT)			
Estratégia (BSC)			
Tática (PMBOK)			
Recompensa (BIN/MARCA PRÓPRIA)			

Ao modelo de gestão preconizado são aplicados os recursos – humanos, materiais, tecnológicos (intangíveis) e financeiros – integrantes dos eventos prioritários objeto de maior entendimento e melhor compreensão para realização do processo decisório – fator crítico de sucesso (FCS) em ação.

O evento organizacional de natureza "fator crítico de sucesso (FCS)" deve ser trabalhado na dimensão de cada um dos seus recursos integrantes com dois patamares de informação/conhecimento:

1. O patamar informação do FCS/recursos integrantes:

- com a informação inerente a cada momento da gestão de negócios;
- comportamento (CCM);
- risco (DEQ);

- problema (SWOT);
- estratégia (BSC);
- tática (PMBOK); e
- recompensa (BIN/Marca Própria).

2. O patamar conhecimento do FCS/recursos integrantes com o conhecimento adquirido da análise de cada informação do FCS/recursos integrantes a cada momento da gestão de negócios (comportamento; risco; problema; estratégia; tática; recompensa) via os aspectos:
   - causas/efeitos;
   - 5 Ws/2 Hs; e
   - Vantagens; necessidades; restrições.

Os eventos organizacionais são chamados concretizados quando ocorrem no horizonte passado/presente ou apostados quando esperados no horizonte presente/futuro, ou seja, FCS – concretizado ou FCS – apostado em ação.

A escolha do fator crítico de sucesso (FSC), seu identificar e caracterizar e o analisar para obter o conhecimento a seu respeito, bem como a decisão adotada e instalada para o exercício da ideia de mudança, é de responsabilidade de executivos, gestores e profissionais especializados do negócio – processos decisórios com o modelo de gestão CCM; DEQ; SWOT; BSC; PMBOK (DEQ); BIN; Marca Própria em ação – visão no horizonte passado/presente/futuro.

O fator crítico de sucesso (FCS)/recursos integrantes é a unidade básica ou célula inicial dos processos decisórios dos negócios privados ou governamentais.

Na Figura 1.8, apresentada no capítulo 1, há a ideia da gestão do conhecimento aplicada com as visões de:

- falhas *versus* desempenho;
- quantificação via indicadores/métricas;
- vertente conhecimento;
- entidade objeto da mudança:
  - natureza recurso;
  - estruturar evento organizacional:
  - parâmetros da gestão;
  - natureza problema

Essas visões estabelecem a entidade mudança de modelos para gestão, os quais, com a adição de modelo de auditoria da gestão da mudança, perfazem o alicerce da sustentabilidade organizacional.

Ao combinar as visões apresentadas na Figura 1.8 com a visão da Figura 2.3, temos:

- o vetor informação/conhecimento da gestão do negócio para cada FCS/recurso integrante trabalhado pelo modelo para gestão da mudança dos negócios – comportamento (CCM); risco (DEQ); problema (SWOT); estratégia (BSC); tática (PMBOK-DEQ); recompensa (BIN/Marca Própria).

As visões espelhadas nas Figuras 1.8 e 2.3 devem ser encapsuladas pela ideia de hierarquia gestional – fator crítico de sucesso (FCS) prioritário em ação.

O evento organizacional apostado (FCS – apostado) é dito contingente e carrega a característica da incerteza (a visão qualitativa da contingência), que deve ser objeto de mensuração pela ideia de risco (a visão quantitativa da contingência).

A geração do conhecimento – via os vetores do conhecimento do modelo para gestão CCM; DEQ; SWOT; BSC; PMBOK (DEQ); BIN; Marca Própria – é fundamental e necessária à melhor compreensão da vertente contingência/incerteza/risco.

O uso da tecnologia com as ferramentas e os instrumentos da gestão do conhecimento é importante para o melhor entendimento do amanhã empresarial ante:

- a diminuição das incertezas, em face do clarear dos eventos organizacionais; e
- o melhor apurar o cálculo do risco (como consequência do maior especular a natureza das incertezas).

O objetivo da gestão do conhecimento é viabilizar processos decisórios em ação:

- Compreender melhor o poder de mudança das decisões no horizonte passado/presente para *benchmark* com as decisões apostadas para ocorrência no horizonte presente/futuro;
- Facilitar o especular quando dos processos de escolha das decisões para o horizonte presente/futuro.

O alcance dos dois objetivos explicitados gera:

- maior possibilidade e intensidade de solução dos problemas tratados; e
- maior qualidade das mudanças propostas.

O conhecimento pode, ainda, ser obtido com a aplicação da tecnologia *business intelligence* (BI) ou *competitive intelligence* (CI).

No capítulo 4, "Controle interno", há ênfase à importância do BI como entidade para gerar conhecimento e com foco no melhor alcance do uso das tecnologias "controle interno" e "risco" como entidades da gestão empresarial.

O ***especular a informação para gerar conhecimento*** sobre o evento organizacional e seus recursos integrantes está diretamente relacionado à experiência funcional e, com especial ênfase, à capacidade de realizar *benchmark* e de concretizar ilações (*brainstorming*) do profissional/negócio – capital humano em ação.

O profissional/negócio compreende o executivo, gerente, chefe, profissional especializado ou funcionário que, ao atuar como equipe, administra e exerce o processo/produto das entidades privadas ou públicas – processos decisórios em ação.

A informação tornada conhecimento começa com a ideia: "saber questionar é tão importante quanto saber responder".

A qualidade do elaborar e aplicar questões e do analisar as respostas auferidas é determinante para o alcance de conhecimento útil a processos decisórios quando do ciclo de vida da mudança – a vertente problema/conhecimento/risco/decisão/mudança/solução em ação.

Os questionários focados nas causas e nos efeitos da abordagem da vertente gestão/decisão/aposta são visões determinantes da lógica do modelo de gestão ante:

- o foco na mudança organizacional;
- a perspectiva da vertente controle interno/risco/auditoria; e
- a ideia de sustentabilidade empresarial.

Gerar conhecimento sobre o horizonte presente/futuro permite ilações quanto às contingências de ocorrência nos cenários do amanhã (resultados a alcançar) e na caminhada (processos e procedimentos a exercer) para seu alcance.

2.3 O modelo da gestão da mudança e a tecnologia para gestão de pessoas

A gestão do conhecimento viabiliza o melhor entendimento:

- do horizonte passado/presente na perspectiva do controle interno vigente;
- do horizonte presente/futuro na perspectiva do controle interno apostado.

O exercício da vertente conformidade/customização/inovação, na perspectiva do controle interno e quando do horizonte passado/presente/futuro, é alcançado com os patamares informação/conhecimento.

No horizonte presente/futuro, a aplicação da tecnologia (ferramentas/instrumentos) do risco é decisiva para o tratamento da tecnologia (ferramentas/instrumentos) de controle interno.

Processos decisórios estão umbilicalmente associados à apuração do risco com foco nas mudanças do controle interno.

As alterações nas práticas e na forma de exercício de cada um dos vetores do controle interno no amanhã do negócio são fatores integrantes dos processos de tomada de decisão para evolução dos estágios tecnológicos do processo/produto empresarial.

A tomada de decisão visa ao alcance de resultados favoráveis à continuidade do negócio – sustentabilidade organizacional em ação – e está subordinada à ideia do:

Primeiro mandamento do processo decisório sustentável: quando uma decisão é adotada, os agentes integrantes do processo decisório irão envidar o melhor dos seus esforços para sua concretização.

O comprometimento de executivos, gestores e profissionais especializados com o primeiro mandamento do processo decisório sustentável viabiliza a sustentabilidade organizacional.

O melhor capital humano transplantado como comportamento profissional, quando criador de capital estrutural/organizacional, irá determinar a cultura organizacional e fazer a diferença entre organizações vitoriosas ou perdedoras – sustentabilidade dos negócios via vertente contingências/incertezas/riscos em ação.

A Figura 2.4 estabelece os planos para a análise do eixo central "mudança organizacional" do modelo para gestão da mudança do negócio segundo os seguintes requisitos:

- Plano (1; 1; 1) – o capital humano gera conhecimento administrativo, financeiro, técnico e operacional a ser incorporado como capital estrutural do negócio;
- Plano (1; 1; 2) – o conhecimento inerente ao capital humano é parâmetro determinante da cultura organizacional;

- Plano (1; 2; 1) – o conhecimento implica a competência técnico-operacional componente do capital humano de cada profissional do negócio e que, em conjunto com o capital estrutural, formam a base do comportamento profissional;
- Plano (1; 2; 2) – a cultura organizacional espelha o ambiente interno e é composta e refletida para o ambiente externo organizacional como o somatório do comportamento profissional de seus integrantes – conhecimento e competência técnico-operacional do negócio em ação;
- Plano (2; 1; 1) – o risco permite a escolha e estabelece a qualidade do capital humano transformado como capital estrutural;
- Plano (2; 1; 2) – o risco mensura a capacidade de sustentabilidade do negócio viabilizada pela cultura organizacional oriunda do capital humano associado ao capital estrutural transformado como comportamento profissional;
- Plano (2; 2; 1) – o risco estabelece a quantificação da sintonia comportamento profissional/capital estrutural;
- Plano (2; 2; 2) – o risco prioriza os vetores do comportamento profissional determinantes da cultura organizacional – a qualidade do negócio em ação.

Figura 2.4 – Planos com as tecnologias para sustentar projetos de mudança organizacional

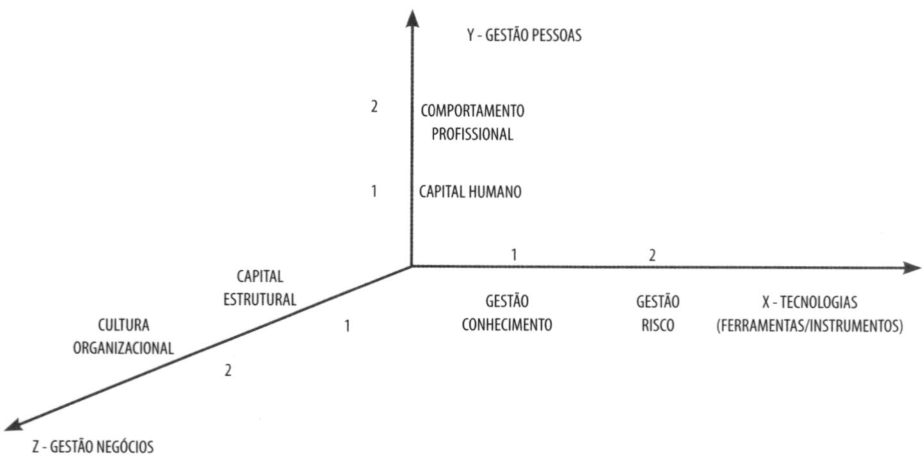

A tecnologia de controle interno é moldada pelos parâmetros conformidade, customização e inovação com aplicação dos elementos da Figura 2.3.

As plataformas da mudança organizacional são compostas de gestão de negócios (cultura organizacional e capital estrutural) e de gestão de pessoas (comportamento profissional e capital humano), que são viabilizadas com a aplicação dos fatores comportamentais (crenças, valores, liderança, confiança e reputação).

A homogeneidade do comportamento profissional/cultura organizacional é fator decisivo para o sucesso da gestão das mudanças. O corpo de funcionários comprometidos, motivados e alinhados com parâmetros comportamentais profissionais é requisito indispensável às boas práticas para mudanças.

Estabelecer os parâmetros comportamentais vivenciados por executivos, gestores, profissionais especializados e funcionários dá coesão e capacidade de solução aos problemas empresariais.

O compromisso com as estratégias e os projetos de mudança (tática) está relacionado à vigência e pleno entendimento dos parâmetros comportamentais assumidos pelas entidades e por seus funcionários.

Palestras, exemplos, normas e comunicados ao pessoal da organização acerca da visão comportamental do empreendimento são condutas das organizações de sucesso no século XXI.

A hierarquia dada a esses parâmetros comportamentais funcionais também é uma boa norma a ser estabelecida e comunicada a todos os integrantes da organização.

A reputação do negócio depende da conduta de seus profissionais – comportamento profissional é base para a cultura organizacional.

A Figura 2.5 estabelece células para gerar conhecimento e apurar o risco, na perspectiva dos fatores comportamentais, para a conformidade, a customização e a inovação na ótica do controle interno vigente ou apostado – a gestão da mudança no horizonte passado/presente/futuro no momento da tecnologia *Cross Cultural Management* (CCM) em ação.

Figura 2.5 – Tecnologia para gestão de pessoas aplicada à metodologia para gestão da mudança

Plataformas Mudança Organizacional / Fatores Comportamentais	Gestão de Negócios		Gestão de Pessoas	
	Cultura Organizacional	Capital Estrutural	Comportamento Profissional	Capital Humano
Crenças				
Valores				
Liderança				
Confiança				
Reputação				

A Figura 2.6 estabelece a lógica *Cross Cultural Management* (CCM) como utilizada no modelo de gestão CCM; DEQ; SWOT; BSC; PMBOK (DEQ); BIN; Marca Própria.

Figura 2.6 – A tecnologia CCM aplicada à metodologia para gestão da mudança

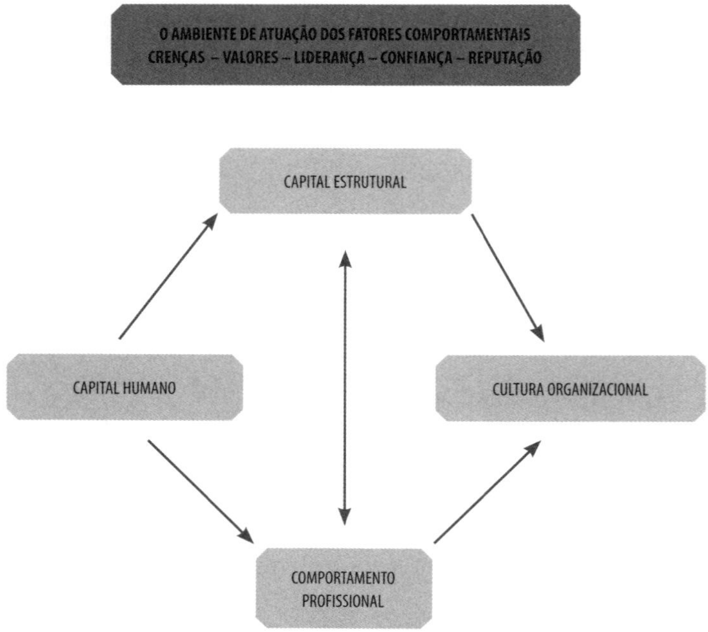

A auditoria da gestão da mudança do negócio privado ou governamental com o verificar – testar, provar, recomendar e opinar –, ou seja, o controle interno estabelecido pelos parâmetros conformidade, customização e inovação perante:

- os elementos da Figura 2.4;
- as células da Figura 2.5;
- a lógica para utilização dos elementos e das células espelhada na Figura 2.6.

A sustentabilidade administrativa, financeira, técnica e operacional do negócio na visão comportamental (tecnologia CCM) é estruturada com os elementos, as células e a lógica das Figuras 2.4, 2.5 e 2.6.

Exercícios de revisão

1. Exponha as modalidades *versus* origens da mudança do negócio. Utilize o conteúdo da Figura 2.1.
2. Debata três planos da natureza modalidades/origens/tecnologias/ferramentas do ciclo de vida da mudança. Utilize o conteúdo da Figura 2.2.
3. Escreva um miniartigo (100 linhas) discutindo a importância da gestão do conhecimento para a gestão da mudança nos negócios – o evento prioritário fator crítico de sucesso (FCS) na perspectiva do modelo para gestão da mudança comportamento (CCM); risco (DEQ); problema (SWOT); estratégia (BSC); tática (PMBOK-DEQ); recompensa (BIN/Marca Própria). Utilize o conteúdo das Figuras 1.8 (capítulo 1) e 2.3 (capítulo 2).

4. Estabeleça e caracterize os três planos ou eixos: (1) tecnologias (ferramentas/instrumentos) para a gestão; (2) gestão de pessoas; e (3) gestão de negócios – com as tecnologias para operar as plataformas para a sustentação do eixo central "mudança organizacional" na perspectiva do modelo de gestão da mudança do negócio CCM; DEQ; SWOT; BSC; PMBOK (DEQ); BIN/Marca Própria. Utilize a Figura 2.4
5. Discuta os fatores comportamentais – crenças, valores, liderança, confiança, reputação – na perspectiva das plataformas da mudança organizacional: (1) gestão de negócios (cultura organizacional/capital estrutural); e (2) gestão de pessoas (comportamento profissional/capital humano). Escolha cinco células. Utlize a Figura 2.5.
6. Escreva um miniartigo (100 linhas) discutindo as ideias de capital humano, capital estrutural, comportamento profissional e cultura organizacional na perspectiva dos fatores comportamentais crenças, valores, liderança, confiança e reputação do modelo de gestão de negócios CCM; DEQ; SWOT; BSC; PMBOK (DEQ); BIN; Marca Própria. Utilize o conteúdo da Figura 2.6.
7. Apresente a gestão do conhecimento e a gestão do risco segundo a visão comportamento como momento da vertente comportamento/risco/problema/estratégia/tática/recompensa – o modelo para gestão da mudança do negócio CCM; DEQ; SWOT; BSC; PMBOK (DEQ); BIN; Marca Própria em ação. Utilize as Figuras 2.4, 2.5 e 2.6.

capítulo

3

As soluções sustentáveis com planos alternativos de ação

Objetivos

- Neste capítulo, iremos tratar da gestão e da auditoria da gestão de soluções sustentáveis com planos alternativos de ação – a engenharia reversa de resultados/cenários simulados paralelos; a retrocausalidade gestional; a viagem no espaço/tempo gestional; não localidade gestional – o ambiente das contingências controláveis ou não controláveis em ação.
- Explicitaremos a utilidade do mapa contingencial/gestional e do fluxo lógico para a viagem no espaço/tempo gestional com base no vetor causas/efeitos quando do ciclo de vida da decisão.
- Iremos expor a documentação básica do processo/produto decisório na lógica da metodologia da gestão CCM; DEQ; SWOT; BSC; PMBOK (DEQ); BIN; Marca Própria.
- E será apresentada a aplicação da tecnologia da informação e comunicação (TIC) para maior agilidade e sustentação da metodologia da gestão CCM; DEQ; SWOT; BSC; PMBOK (DEQ); BIN; Marca Própria.

Resumo

Será estudada a viagem no espaço/tempo gestional com uso de planos alternativos de ação para o alcance de soluções sustentáveis.

O "*laser*" decisão/recomendação e o sistema sustentabilidade/mudanças dos negócios – conhecimento e métricas.

Relatórios/telas/bancos de dados à aplicação da tecnologia da informação e comunicações (TIC) ao ciclo de vida da mudança/decisão/recomendação.

A gestão e a auditoria da gestão de contingências controláveis ou não controláveis – soluções sustentáveis; *laser* decisão/recomendação, engenharia reversa de resultados/cenários simulados paralelos, retrocausalidade gestional, planos alternativos de ação, viagem virtual no espaço/tempo gestional, mapa contingencial/gestional e não localidade gestional.

A lógica para aplicação de indicadores/métricas de desempenho ou das falhas – a gestão e a auditoria da gestão da quantificação da mudança.

O fluxo lógico para soluções sustentáveis – o relacionamento de causas com efeitos das contingências controláveis ou não controláveis.

A vertente problemas; mudanças; contingências; soluções e o balanço intelectual e o certificado da marca própria.

A importância do comportamento profissional associado à cultura organizacional para a viagem virtual no espaço/tempo gestional.

3.1 A "viagem virtual no espaço/tempo gestional" com a engenharia reversa de resultados/cenários simulados paralelos

A gestão e a auditoria da gestão são exercidas em ambiente lógico – a visão do amanhã organizacional – com vigência da vertente contingência/incerteza/risco – horizonte presente/futuro em ação.

Os planos alternativos de ação são estruturados e voltados para soluções sustentáveis dos negócios norteadas, respectivamente, pelos modelos para:

- a gestão de negócios sustentáveis – CCM; DEQ; SWOT; BSC; PMBOK (DEQ); BIN; Marca Própria;
- a auditoria da gestão dos negócios sustentáveis – AUD; CCM; DEQ; SWOT; BSC; PMBOK (DEQ); BIN; Marca Própria.

A vigência de soluções sustentáveis com a aplicação de planos alternativos de ação.

Neste ambiente lógico, a viagem virtual no espaço/tempo gestional com o exercício da engenharia reversa dos resultados/cenários simulados paralelos com o objetivo de priorizar as análises das decisões adotadas ou, ainda, dos resultados apostados são mandatórias – decisão/resultado/solução no foco.

A viagem no espaço/tempo gestional requer um *laser* decisão/recomendação que oriente e facilite a mudança, em tempo real, das características de entidades do ciclo de vida da ação/decisão/projeto à medida que a vertente indícios/evidências/provas das contingências aflore – a visão da controladoria ou da logística contingencial em ação.

As entidades do ciclo de vida da ação/decisão/projeto objeto do monitoramento e do ajuste de alteração da mudança com a facilidade do *laser* decisão/recomendação, na visão da metodologia de gestão ou de auditoria da gestão estudada, são:

- comportamento profissional/cultura organizacional;
- contingência/incerteza/risco;
- problema;
- estratégia;
- tática/projetos de mudança;

- recompensa profissional/reconhecimento da evolução tecnológica organizacional; e
- revisão com proposições de crescimento e confirmação da alavancagem comportamental/administrativa/financeira/técnica/operacional da entidade privada ou pública.

O *laser* decisão/recomendação compreende a existência de práticas de natureza:

- apostar, estudar, decidir quanto a causas ou efeitos indicativos da manifestação dos parâmetros da vertente indícios/evidências/provas contingenciais – responsabilidade e comprometimento de executivos, gestores e profissionais especializados com os cenários almejados do horizonte presente/futuro organizacional.

O redirecionamento em tempo real da mudança é a razão de ser da ideia do laser *decisão/recomendação – a controladoria contingencial e a logística contingencial no foco* (on the spot*)*.

A controladoria contingencial corresponde ao tratamento contábil da vertente contingência/incerteza/risco versus a vertente indícios/evidências/provas contingenciais, com especial utilização da métrica monetária (MM) como espelho dos reflexos contábeis-financeiros das contingências e correspondentes riscos associados perante os cenários previstos do amanhã dos negócios – práticas e demonstrações contábeis e tecnologia financeira em ação.

A logística contingencial, de forma análoga, utiliza a métrica não monetária (MNM) para refletir a mesma conjuntura empresarial futura prevista.

A ideia de que um evento futuro apostado (contingente) pode e deve influenciar uma decisão é condição concreta na engenharia reversa dos resultados/cenários simulados paralelos – simulação do processo/produto do horizonte presente/futuro em ação – interdependência de eventos contingentes.

O evento contingente pode ser estudado na perspectiva de condicionar o efeito da decisão quando ele é:

- controlável e objeto de plano preventivo alternativo de ação, isto é, as práticas para convívio antecipado das contingências com os cenários futuros almejados são passíveis de estruturação e de acionamento de forma prévia à ocorrência da contingência;
- não controlável e objeto de plano corretivo e alternativo de ação nas práticas para convívio prévio com as causas das contingências não factíveis ou inviáveis sob os aspectos financeiros ou operacionais e a atuação perante os efeitos contingenciais é a opção.

O critério para tratar eventos contingentes não identificados/não apostados e ocorridos recomenda estabelecer os efeitos da decisão/recomendação com os critérios da lógica *fuzzy* – a expectativa dos resultados da decisão/recomendação na base intervalar (métrica máxima e métrica mínima para aferição da intensidade da qualidade obtida ou a obter como efeito da mudança).

Com frequência, as contingências controláveis são de natureza interna aos negócios e as não controláveis, de natureza externa.

Uma condição cada vez mais considerada pelas organizações privadas ou governamentais, no século XXI, é a geração de contingências externas a organizações/países concorrentes na perspectiva da disputa por mercados ou influência na sociedade ou ainda quanto ao comando na evolução dos negócios – inovação e customização, sobrepujando a conformidade como foco da gestão e da auditoria da gestão.

O realçar do laser *decisão/recomendação – a guerra contingencial (comercial ou entre governos) no foco* (on the spot*)*.

A Figura 3.1 estabelece a lógica para praticar a variável informação/conhecimento – na modalidade de questionários DEQ ou tecnologias *business intelligence* (BI) ou *competitive intelligence* (CI) – norteada pela ideia do *laser* decisão/recomendação.

Figura 3.1 – O *laser* decisão/recomendação para redirecionamento em tempo real da mudança. A controladoria contingencial e a logística contingencial em ação. A vertente informação/conhecimento no foco – o ambiente das contingências controláveis e das não controláveis

Gestão das contingências / Gestão Conhecimento	Indícios	Evidências	Provas
Causas/efeitos			
5W / 2h			
Vantagens/necessidades/ Restrições			

A auditoria da gestão, com sua lógica e práticas específicas, revisa e referenda ou não a lógica contingencial da metodologia da gestão preconizada por ocasião de sua estruturação (auditoria da gestão contingencial) ou aplicação (auditoria da operação contingencial) – metodologia AUD em ação.

A tomada de decisão para alcance com qualidade de resultados/cenários futuros distantes – a ***solução de problemas organizacionais obtida com os efeitos das decisões apostadas e viabilizadas por meio de projetos de mudança*** – é variável dependente das variáveis:

- as decisões adotadas para resultados e cenários simulados e ocorridos no horizonte passado/presente;
- as contingências controláveis ou não controláveis com influência na qualidade dos resultados/cenários futuros distantes e com possibilidade *versus* gravidade (risco) de ocorrência no horizonte presente/futuro de curto prazo.

A previsão de resultados/cenários futuros passa pela viagem virtual no espaço/tempo gestional – a variável contingência/incerteza/risco em ação.

A quebra do paradoxo – situação que se contradiz – da impossibilidade de viajar no tempo para o passado ou o futuro distante é a base da lógica dos processos de tomada de decisão orientados por alterações no ciclo de vida da decisão/recomendação. Essas alterações são acarretadas por eventos contingentes apostados – a engenharia reversa de resultados/cenários simulados paralelos no foco (*on the spot*) – a viagem virtual no espaço/tempo gestional em ação.

A engenharia reversa de resultados/cenários simulados paralelos como tecnologia para o exercício da viagem virtual no espaço/tempo gestional contribui para soluções sustentáveis viabilizadas por planos alternativos de ação.

A engenharia reversa de resultados/cenários simulados paralelos necessita da lógica estabelecida nas Figuras 2.4, 2.5 e 2.6 para sua concretização – a tecnologia CCM aplicada ao horizonte presente/futuro das entidades.

O viajar virtual no espaço/tempo gestional incorpora a lógica para sintonia da gestão de pessoas com a gestão de negócios preconizada nas Figuras 2.4, 2.5 e 2.6 – o comportamento profissional e a cultura organizacional com ênfase no assumir e tratar a variável contingências/incertezas/riscos é o objetivo das organizações sustentáveis.

Os desperdícios evitados com base nas necessidades de recursos para a travessia do horizonte presente/futuro e alcance dos cenários pretendidos é a vertente central da gestão da mudança dos negócios – a justificativa da engenharia reversa de resultados/cenários simulados paralelos como pilar para soluções sustentáveis dos negócios privados ou governamentais.

As ferramentas (aplicadas aos processos) e os instrumentos (com o conteúdo dos resultados) integrantes da tecnologia para o planejamento e o controle estratégico ou tático estão submetidos à ingerência dos eventos contingentes – planos alternativos b, c etc., em ação.

A gestão da sustentabilidade trabalha nos horizontes (passado/presente ou presente/futuro com as visões da engenharia reversa de resultados/cenários simulados paralelos em ação):

- horizonte passado/presente: os efeitos ocorridos são consequência de causas anteriores e o conhecimento adquirido da relação causa/efeito dos eventos organizacionais vivenciados serve para o exercício de processos decisórios sustentáveis – causas e efeitos futuros como reflexo de causas e efeitos passados;
- horizonte presente/futuro: os efeitos dos eventos contingentes apostados (do amanhã) podem influenciar o tratamento das causas das decisões adotadas/pretéritas (eventos organizacionais – de natureza decisões – apostados e alvo dos esforços dos profissionais integrantes do negócio – primeiro mandamento do processo decisório sustentável em ação).

É imperativa a gestão da vertente contingência/incerteza/risco para alcançar cenários futuros sustentáveis.

A modelagem matemática do risco é construída para a escolha e ante o conhecimento adquirido das vertentes causas, eventos organizacionais prioritários (ocorridos ou apostados), efeitos a tratar com a experiência do horizonte passado/presente e o apostar no horizonte presente/futuro.

A gestão do conhecimento viabiliza o uso das vertentes da gestão (contingência/incerteza/risco e controle interno) quando dos processos decisórios na perspectiva das entidades da Figura 3.2:

- Parâmetro da gestão ou da auditoria da gestão:
  - atender às especificações definidas para a decisão e alcançar as expectativas no cenário do amanhã dos usuários/consumidores dos efeitos da decisão – parâmetro **eficácia**.
- Trajetória do processo decisório:
  - viagem virtual no espaço/tempo gestional – com a **não localidade gestional** e a **retrocausalidade gestional**.
  - horizonte passado/presente (ocorrido/concretizado);
  - fator crítico de sucesso (FCS); ponto da falha/*single point of failure* (SPOF) – **evento organizacional vigente**;

   - ação de otimização (AO)/projeto de mudança para maximizar o desempenho; medida de proteção (MP)/projeto de mudança para minimizar as falhas: **decisão** (**mudança trabalhada**) e **solução** (**mudança instalada**).
- Horizonte presente/futuro (apostado/simulado):
   - fator crítico de sucesso (FCS); ponto da falha/single point of failure (SPOF) – **evento organizacional contingente**;
   - ação de otimização (AO)/projeto de mudança para maximizar o desempenho; medida de proteção (MP)/projeto de mudança para minimizar as falhas: decisão (**mudança proposta**) e **solução** (**mudança a instalar**).
- Gestão do conhecimento (visão do horizonte presente/futuro; cenários da amanhã):
   - causas/efeitos.
   - 5 Ws; 2 Hs;
   - vantagens; necessidades; restrições.

Figura 3.2 – O ambiente engenharia reversa do resultado/cenário simulado paralelo na perspectiva não localidade gestional. A solução sustentável em ação "FCS/AO" ou "SPOF/MP" no foco ("on the spot") – a vertente "contigência/incerteza/risco" diferencial da gestão da mudança

	Horizonte					
Momento Decisão / Gestão Conhecimento	Passado/presente (Ocorrido/concretizado)			Presente/futuro (Apostado/simulado)		
	Evento (Fcs/spof)	Decisão (ao/mp) (mudança trabalhada)	Solução (ao/mp) (mudança instalada)	Evento (fcs/spof)	Decisão (ao/mp) (mudança proposta)	Solução (ao/mp) (mudança a instalar)
Visões Figuras 1.8 E 2.3						

A missão da gestão ou da auditoria da gestão é espelhada pelo parâmetro ***eficácia*** do efeito da decisão/recomendação – atender a especificações ansiadas e satisfazer o consumidor/usuário dessa mesma decisão/recomendação. Essa missão é exercida na perspectiva das alterações de um ou mais vetores do controle interno com o considerar a lógica da vertente contingência/incerteza/risco.

Os elementos AO e MP correspondem às decisões de mudança consubstanciadas via projetos de mudança:

- A AO é instalada para otimizar o desempenho de recurso integrante do FCS com o atuar para a ocorrência das causas ou o alavancar e usar os efeitos com o elevar de patamar tecnológico do evento no amanhã organizacional;

- A MP é instalada para evitar as causas (medida de proteção preventiva – MPP) ou conter os efeitos (medida de proteção corretiva – MPC), ou ainda, para identificar ou captar (medida de proteção detectiva – MPD) causas ou efeitos da falha (*single point of failure* – SPOF) de recurso integrante do FCS do amanhã.

O SPOF compreende a ameaça vigente ou apostada responsável por desestabilizar o recurso do FCS objeto de decisão de mudança – a vertente prevenção/detecção/correção no foco (*on the spot*).

Consubstanciar a entidade "previsão" implica o instalar: AO; ou MP – MPP; MPD; MPC – para atuar perante causas ou efeitos, respectivamente, quando do maximizar o desempenho ou do minimizar a falha de eventos contingentes, com alvo no alcançar o efeito da decisão inerente a cenário futuro vencedor – o viajar virtual no espaço/tempo gestional como objetivo.

Ao estruturar e priorizar a gestão da mudança, ocorre a classificação da mudança a concretizar (mudança proposta) ou a praticar (mudança a instalar) conforme os parâmetros da gestão/auditoria da gestão.

A mudança tem por objetivos: maximizar o desempenho (customização e inovação) ou minimizar as falhas (conformidade) de recursos do fator crítico de sucesso (FCS), objeto de ponto da falha SPOF em ação (vide Figura 3.2).

O atuar e interagir de executivos, gestores e profissionais especializados com causas/efeitos de contingências viabiliza o desenvolvimento e instalação de projetos de AO – contingências favoráveis – ou de projetos de MP – contingências desfavoráveis. O estimular ou esmaecer as causas e o alavancar ou hibernar os efeitos faz a diferença das organizações vencedoras – a importância do tratar a vertente contingência/incerteza/risco no foco (*on the spot*).

Os projetos AO ou MP (MPP; MPD; MPC) devem ser estudados – com o *benchmark* dos **efeitos ocorridos/concretizados ou apostados/simulados da solução (AO/MP)** *versus* os **efeitos pretendidos com a decisão (AO/MP)** – na perspectiva da lógica da vertente contingência/incerteza/risco – plano b em ação – visão da Figura 3.2:

- Quando no horizonte passado/presente gerar experiência para engenharia reversa de resultados/cenários simulados paralelos com a análise para gerar conhecimento de causas/efeitos entre (1.1) a **mudança trabalhada (visão efeitos pretendidos com a decisão AO/MP)** e (1.2) a **mudança instalada (visão efeitos ocorridos com a solução AO/MP)**.

- Quando no horizonte presente/futuro concretizar a engenharia reversa de resultados/cenários simulados paralelos com o estudo da (2.1) **mudança proposta (visão efeitos buscados da decisão AO/MP)** *versus* (2.2) a **mudança a instalar (visão efeitos a ocorrer com a solução AO/MP)** – *vis-à-vis* as causas/efeitos dos eventos contingentes – inclusive com o utilizar da experiência alcançada com as atividades do item acima.

A engenharia reversa de resultados/cenários simulados paralelos deve ser trabalhada com prioridade ao olhar da eficácia:

- atender às especificações da qualidade de resultados/cenários simulados;
- contemplar as expectativas de consumo dos destinatários dos resultados ou dos integrantes dos cenários pretendidos.

O olhar da eficácia justifica o pensar as contingências.

O conteúdo da Figura 3.3 espelha os argumentos da lógica para evitar desperdício de recursos nos negócios privados ou governamentais – a sustentabilidade do ciclo de vida da decisão/recomendação no foco (*on the spot*).

Figura 3.3 – A engenharia reversa de resultados/cenários simulados paralelos é a base para soluções sustentáveis – a lógica para evitar desperdício de recursos no foco

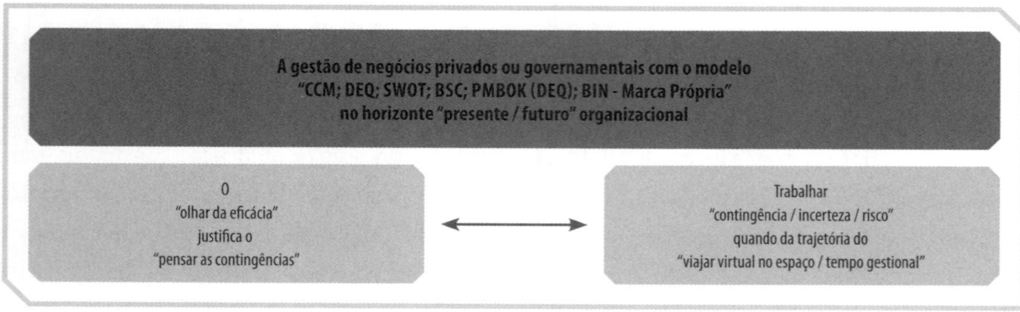

A diferença ou a distância entre a mudança proposta e a mudança a instalar está diretamente relacionada ao risco de ocorrência das contingências controláveis ou não controláveis.

Identificar as contingências controláveis é vital para o cumprimento do primeiro mandamento do processo decisório sustentável.

A gestão da mudança, quando de processos decisórios, implica a simulação de resultados ou montagem de cenários para as entidades da vertente causas/eventos organizacionais prioritários/efeitos estabelecidos ou apostados na perspectiva do horizonte passado/presente/futuro.

As entidades causas ou efeitos, relacionadas aos eventos organizacionais contingentes prioritários, são estudadas/analisadas no mesmo tempo ou espaço, ainda que estes eventos estejam separados por grandes distâncias ou distintos momentos organizacionais do ciclo de vida da decisão/recomendação – retrocausalidade gestional e não localidade gestional em ação.

No ambiente do horizonte presente/futuro e quando da viagem no espaço/tempo gestional, temos de:

- A **retrocausalidade gestional** estabelece, com base no efeito desejado de um evento contingente "n", que eu posso agir na causa desse evento ou na causa/efeito de outro evento contingente correlacionado para buscar ou alcançar o efeito pretendido desse mesmo evento contingente "n".

A retrocausalidade gestional advém da certeza da necessidade do efeito da decisão/recomendação antes da convicção da ocorrência de sua causa inerente.

Observação: a retrocausalidade gestional vigente no horizonte presente/futuro está sustentada pela ideia de que os efeitos de uma decisão/recomendação são conhecidos/desejados/formatados antes que haja certeza/confirmação da ocorrência de suas causas associadas, com o agravante do não conhecimento prévio ou confirmação a priori da existência das causas/efeitos de contingências com capacidade de interferir nos efeitos dessa mesma decisão/recomendação.

Os efeitos da decisão/recomendação são buscados, mas as suas causas ainda não são confirmadas.

A retrocausalidade gestional é ideia decisiva para a gestão de projetos de mudança, com projetos para maximizar o desempenho (ação de otimização – AO) ou para minimizar as falhas (medida de proteção – MP), no ambiente da vertente contingência/incerteza/risco. Ela permite simular, prever, agir nas causas como decorrência de efeitos desejados de contingências apostadas, isto é, o efeito não é uma fatalidade decorrente de causas, mas, sim, as causas devem ocorrer para que os efeitos desejados sejam alcançados.

- A não localidade gestional estabelece que causas ou efeitos da contingência n podem ser os mesmos e de igual ocorrência temporal de qualquer outra contingência no espaço/tempo do ciclo de vida da decisão/recomendação – momento do processo/produto do negócio ou do projeto de mudança.

O espectro de possibilidades, na trajetória dos projetos de mudança, gera o conceito de não localidade gestional quando os efeitos simulados de contingências apostadas são estudados ou analisados no tempo e no espaço das causas para decisão/mudança proposta com relação a solução/mudança a instalar – utilidade da Figura 3.2 em ação.

A não localidade gestional advém da viabilidade de causa/efeito de um evento contingente n ser o mesmo, influenciar ou interagir com causa/efeito de outro evento contingente qualquer na perspectiva do espaço/tempo do ciclo de vida da decisão/recomendação.

As causas/efeitos de um evento contingente n qualquer devem ser analisados/estudados quanto à sua relação com causas/efeitos de um evento contingente n+1 qualquer – a não localidade gestional no foco (*on the spot*).

O sucesso da engenharia reversa de resultados/cenários simulados paralelos é diretamente proporcional à qualidade da retrocausalidade gestional e da não localidade gestional – correlacionamento inter e intracausa com efeito no espaço/tempo gestional em ação.

A questão posta para a retrocausalidade gestional e para a não localidade gestional é:

- que causa/efeito contingente ocorrerá para o alcance do efeito contingente desejado/almejado – o resultado da decisão/recomendação no foco (*on the spot*).

A variável espaço/tempo gestional embasa o exercício das correlações da retrocausalidade gestional, com aplicação do conceito de não localidade gestional, para o alcance da qualidade máxima na engenharia reversa de resultados/cenários simulados paralelos.

O espaço/tempo gestional do horizonte presente/futuro é o ambiente de aplicação das ideias de retrocausalidade gestional e não localidade gestional.

A retrocausalidade gestional e a não localidade gestional são duas variáveis associadas no espaço/tempo gestional à medida que:

- A ideia de travar a contingência na opção desejada: quase certeza de ocorrência quando favorável ou quase certeza de não ocorrência quando desfavorável é a razão de ser de trabalhar as ideias de retrocausalidade gestional e de não localidade gestional. A tomada de decisão no ambiente engenharia reversa do resultado/cenário simulado paralelo com uso da gestão do risco e da gestão do conhecimento dos eventos contingentes controláveis ou não controláveis.

A questão decisiva dos processos decisórios é: "que causas devem ser certas para que os efeitos almejados sejam concretizados?" – gestão da variável "contingência/incerteza/risco" no foco (on the spot).

A retrocausalidade gestional e a não localidade gestional permitem atuar, estudar, trabalhar, apostar na variável causa/efeito independentemente da natureza, tipo ou momento da ocorrência da contingência.

A ideia de tratar causa ou efeito da contingência ocorre ante a natureza de parâmetro da gestão – efetividade, eficácia, eficiência, produtividade, economicidade, segurança e regulamentações.

- O tipo da tecnologia inerente ou da área organizacional com possibilidade de trabalhar a contingência – logística, controladoria, gestão de pessoas e tecnologia da informação (TI).
- O momento do horizonte presente/futuro organizacional – no curto, médio ou longo prazo.

A Figura 3.4 esquematiza a lógica da variável espaço/tempo gestional, na qual a aplicação das ideias de retrocausalidade gestional e de não localidade gestional ocorre com o viabilizar da engenharia reversa de resultados/cenários simulados paralelos quando do exercício do modelo de gestão ou de auditoria da gestão dos processos decisórios privados ou públicos – a lógica para análise da interdependência de causas e de efeitos das contingências controláveis ou não controláveis com uso do mapa contingencial/gestional no horizonte presente/futuro em ação.

Figura 3.4 – O modelo de gestão ou de auditoria da gestão dos processos decisórios privados ou públicos no horizonte presente/futuro

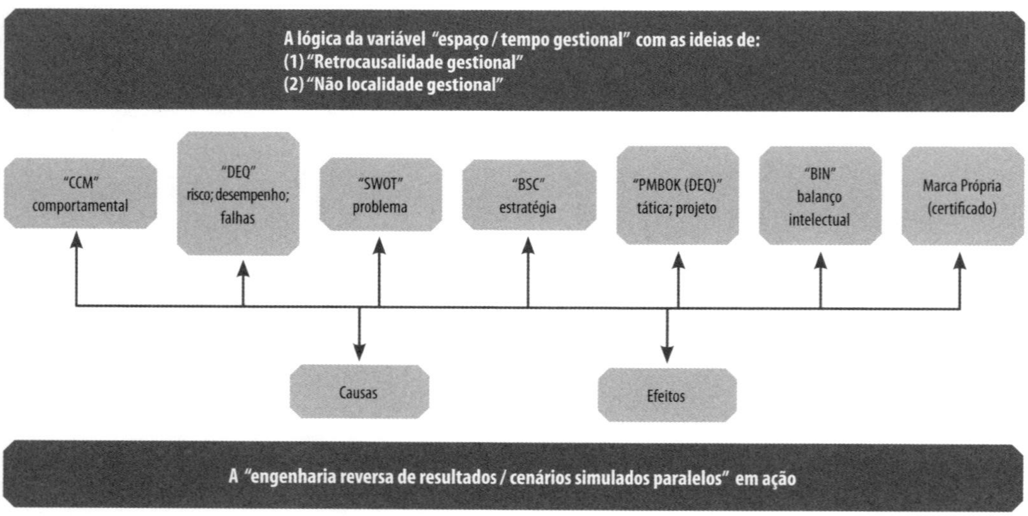

A retrocausalidade gestional e a não localidade gestional permitem a viagem no espaço/tempo gestional via engenharia reversa de resultados/cenários simulados paralelos para concretizar ilações e ações com o objetivo de ocorrer os planos a, b, c etc. Em ação:

- exercer o primeiro mandamento do processo decisório sustentável;
- estabelecer planos alternativos de ação; e
- concretizar as soluções sustentáveis para os negócios privados ou governamentais.

O fundamento para a justificativa do emprego da tecnologia (ferramentas; instrumentos; lógica de utilização) para retrocausalidade gestional e a não localidade gestional, via viagem no espaço/tempo gestional, é:

Segundo mandamento do processo decisório sustentável – quando do benchmark *entre as organizações, sairá vitoriosa aquela que melhor exercitar ou mais qualidade tiver na engenharia reversa de resultados/cenários simulados paralelos – a lógica para os planos a, b, c etc.*

A Figura 3.5 estrutura as variáveis a considerar no desenvolver, executar, controlar, auditar planos alternativos de ação – b, c etc. – para o alcance de soluções sustentáveis no ambiente das contingências controláveis ou não controláveis – taxonomia da vertente contingência/incerteza/risco em ação:

- *laser* decisão/recomendação;
- engenharia reversa de resultados/cenários simulados paralelos;
- retrocausalidade gestional;
- viagem no espaço/tempo gestional;
- não localidade gestional;
- mapa contingencial/gestional.

Figura 3.5 – As ideias para desenvolver, aplicar e controlar planos alternativos de ação b, c etc. – cumprir os mandamentos do processo decisório sustentável

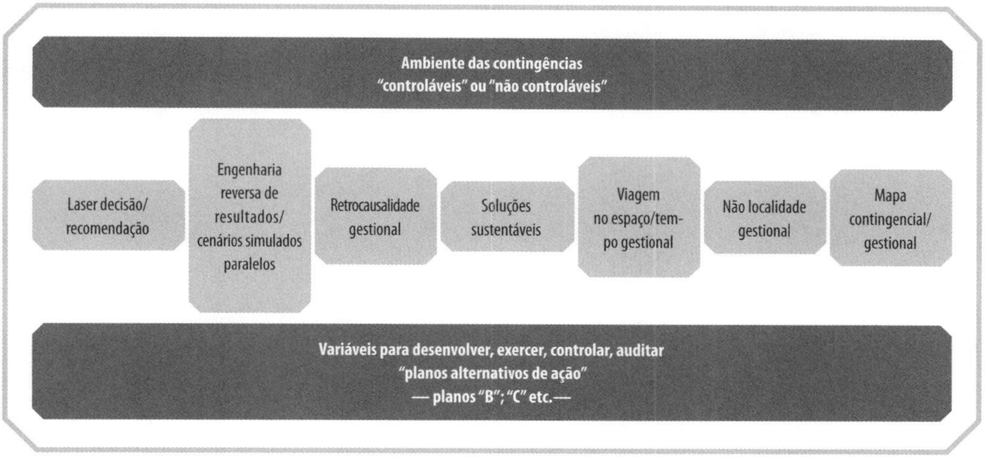

A lógica de espaço/tempo gestional é decisiva para processos decisórios voltados a maximizar o desempenho ou minimizar as falhas dos negócios privados ou governamentais – modelo para gestão da mudança CCM; DEQ; SWOT; BSC; PMBOK (DEQ); BIN; Marca Própria em ação.

As tecnologias para a viagem no espaço/tempo gestional privilegiam o tratamento da vertente causas/efeitos dos eventos contingentes inerentes ao ciclo de vida da decisão/recomendação, objeto da aplicação do modelo de gestão CCM; DEQ; SWOT; BSC; PMBOK (DEQ); BIN; Marca Própria e são de natureza:

1. Ferramenta: fluxo lógico para soluções sustentáveis.

A correta evolução da solução do problema com ênfase ao tratamento de causas e efeitos flagrados durante todo o transcorrer do ciclo de vida da decisão/recomendação é a ênfase do fluxo lógico para soluções sustentáveis (Figura 3.6).

Estudar, analisar e atuar perante causas ou efeitos das contingências é o caminho para a obtenção dos efeitos das soluções almejadas.

As fases estruturadas na Figura 3.6 estabelecem a lógica do ciclo de vida da decisão/recomendação para alcance de soluções sustentáveis aos problemas organizacionais.

Figura 3.6 – Fluxo lógico para soluções sustentáveis do ciclo de vida da decisão/recomendação

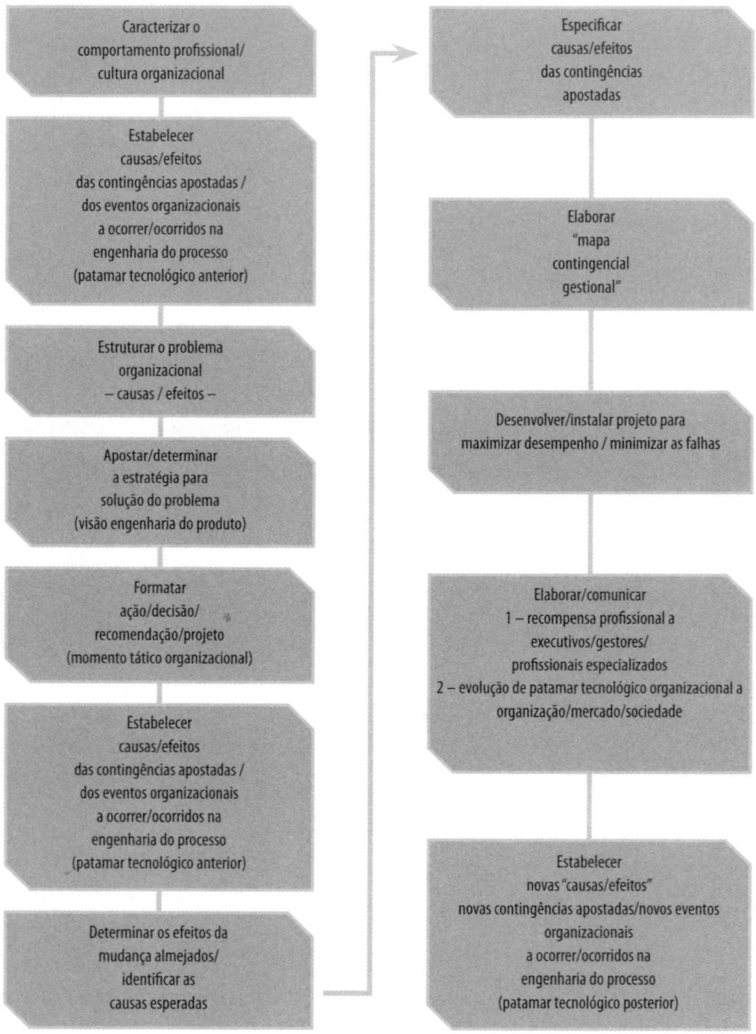

2. Instrumento: **mapa contingencial/gestional**

O mapa contingencial/gestional (Figura 3.7) como pilar da lógica para soluções sustentáveis estrutura e viabiliza:

- o representar do gráfico das interações entre causas e efeitos das contingências (eventos contingentes) com o aplicar das ideias de retrocausalidade gestional e de não localidade gestional para alcançar soluções sustentáveis com o uso de planos alternativos de ação;

- a lógica para a viagem no espaço/tempo gestional com o uso da engenharia reversa de resultados/cenários simulados paralelos em ação.

Figura 3.7 – Mapa contingencial/gestional. A relação causas/efeitos da vertente contingência/incerteza/risco. A qualidade da decisão

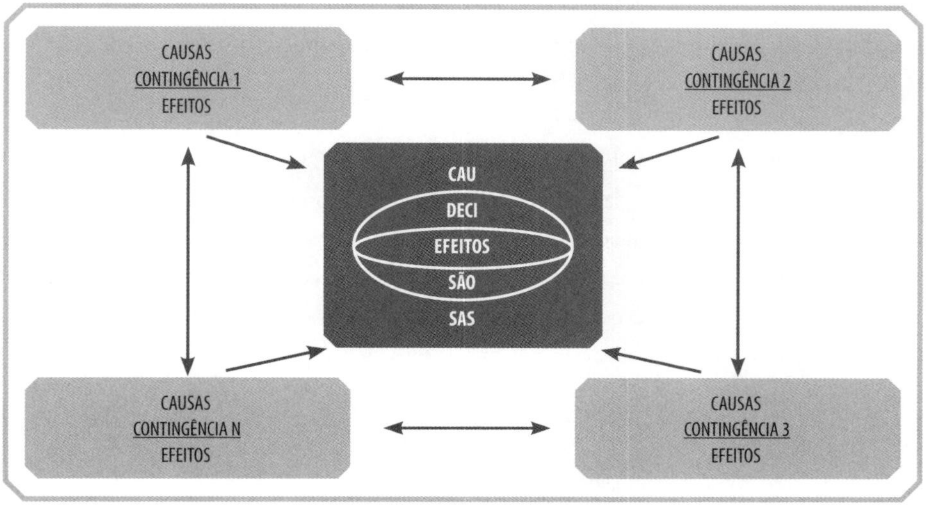

3.2 A importância das métricas e indicadores no horizonte passado/presente/futuro

A intervenção de executivos, gestores e profissionais especializados na trajetória do processo/produto decisório deve ser objeto de mensuração pela variável indicadores/métricas.

Os indicadores/métricas são ferramentas essenciais para as metodologias de gestão ou de auditoria da gestão de negócios privados ou governamentais – o ciclo de vida da decisão/recomendação em ação.

Os "indicadores/métricas" são de natureza:[1]

- ID – indicador de desempenho;
- IF – indicador de falha.

Há dois fatores integrantes dos indicadores:

- Recursos – humano; material; tecnológico (ativo intangível); financeiro – objeto do mensurar quanto à maximizar o desempenho ou minimizar a falha.
- Métrica – não monetária (MNM) para quantificar os recursos humanos, materiais e tecnológicos; e monetária (MM) para traduzir a métrica MNM no denominador comum moeda (visão recurso financeiro).

A métrica do indicador mede o desempenho do recurso ou a sua falha no horizonte passado/presente/futuro – a **logística empresarial** é referência na atuação com a **métrica não monetária** (**MNM**) e a **controladoria empresarial** com a **métrica monetária** (**MM**).

[1] Para melhor conhecimento da ferramenta de indicadores/métricas ver: GIL, Antonio Loureiro.*Gestão da Qualidade Empresarial* Publicações Europa América (Lisboa – Portugal), 2007.

A lógica da mensuração com o modelo/metodologia comportamento (CCM); risco (DEQ); problema (SWOT); estratégia (BSC); tática (PMBOK – DEQ); recompensa (BIN – Marca Própria) estabelece:

- a variação da métrica do indicador de desempenho (ID) ou da falha (IF), que é apurada antes e depois do projeto de mudança.

Essas duas medições têm por objetivo quantificar a força na resolução do problema da ação de otimização (AO) ou da medida de proteção (MP) aplicada ao recurso do fator crítico de sucesso (FCS) ou do *single point of failure* (SPOF), ou ponto de falha, objeto de mudança – soluções para melhorar o desempenho ou para diminuir as falhas no foco (*on the spot*).

A mensuração da qualidade da viagem no espaço/tempo gestional com utilização das tecnologias de retrocausalidade gestional e não localidade gestional é atividade inserida nas metodologias para gestão das mudanças – apostas nas métricas pré e pós do ID e do IF em ação.

O alcance de soluções sustentáveis é variável dependente dos planos alternativos de ação trabalhados no ambiente de contingências controláveis ou não controláveis e implica ideias de:

- gestão do conhecimento;
- gestão do risco; e
- gestão de alternativas de controle interno.

O ciclo de vida da mudança gera alterações no controle interno organizacional quando do planejamento, execução, controle e auditoria para tratar o horizonte presente/futuro organizacional – as soluções sustentáveis com planos alternativos de ação e o controle interno do amanhã organizacional no foco.

A gestão de alternativas de controle interno é consequência da gestão da sustentabilidade das entidades privadas ou públicas quando da busca de soluções sustentáveis a partir dos planos alternativos de ação – o horizonte presente/futuro formatado com o modelo CCM; DEQ; SWOT; BSC; PMBOK (DEQ); BIN; Marca Própria.

A Figura 3.8 estabelece células para o estudo das vertentes: do desempenho (FCS/AO/ID); ou das falhas (SPOF/MP/IF) na perspectiva do modelo/metodologia para gestão das mudanças nos negócios comportamento (CCM); risco (DEQ); problema (SWOT); estratégia (BSC); tática (PMBOK – DEQ); recompensa (BIN – Marca Própria) no horizonte passado/presente/futuro.

Figura 3.8 – As vertentes desempenho e falhas trabalhadas na perspectiva do modelo de gestão de negócios – o estudar/entender o horizonte passado/presente e o formatar/fazer ocorrer o horizonte presente/futuro

Momento desempenho/falha / Gestão negócio	Desempenho			Falha		
	fCS	AO	ID	SPOF	MPpp	IF
Comportamento (CCM)						
Risco (DEQ)						
Problema (SWOT)						
Estratégia (BSC)						
Tática (PMBOK-DEQ)						
Recompensa (BIN/ MARCA PRÓPRIA)						

A ideia de soluções sustentáveis alcançadas com planos alternativos de ação permite inferir correlações e interações entre os conceitos de controle interno, risco e conhecimento para a gestão das mudanças no processo/produto organizacional no horizonte presente/futuro.

As soluções sustentáveis com planos alternativos de ação podem ser alcançadas com a aplicação das justificativas de causas/efeitos para as vertentes:

- Desempenho – desenvolvimento de projetos de AO e correspondentes; contingências favoráveis consideradas com o objetivo de maximizar a métrica padrão para o ID utilizado para quantificar recurso do FCS objeto de mudança.
- Falha – desenvolvimento de projetos de MP e correspondentes; contingências desfavoráveis consideradas com o objetivo de alcançar a métrica padrão desejada.

Ao atuar nas causas para ocorrência das contingências positivas (responsáveis por efeitos favoráveis da decisão/recomendação) ou para evitar ou conter aquelas contingências negativas (responsáveis por efeitos desfavoráveis da decisão/recomendação), há a busca para alcance da métrica padrão (ascendente ou descendente) para as mudanças introduzidas, respectivamente, por projetos de AO ou de MP.

1. Métrica padrão monetária (MM) ascendente:
   - valor de faturamento a alcançar.
2. Métrica padrão não monetária (MNM) ascendente:
   - quantidade de veículos produzidos por hora.
3. Métrica padrão monetária (MM) descendente:
   - menor custo por unidade produzida.
4. Métrica padrão não monetária (MNM) descendente:
   - menor tempo por unidade produzida.

A ascensão do patamar tecnológico anterior ao patamar tecnológico posterior (*vide* Figura 3.9) implica o perseguir o alcance da métrica padrão (ascendente ou descendente) com ênfase a soluções sustentáveis como objetivo:

- Conformidade – por ocasião do desenvolvimento e instalação de projetos de MP (MPP; MPD; MPC) para minimizar as falhas de processo ou de produto/resultado;
- Customização – quando da adaptação de práticas empresariais preexistentes, no ambiente interno ou externo, via projetos de AO para melhorar ou homogeneizar o desempenho do processo/produto organizacional;
- Inovação – diz respeito a projetos de AO pioneiros, inusitados, com o objetivo de alavancar o desempenho do processo/produto organizacional.

O diferencial competitivo das organizações sustentáveis do século XXI é pautado pela capacidade do modelo de gestão e de auditoria de gestão para tratar a ideia de padrão na perspectiva do ciclo de vida da mudança – o horizonte presente/futuro em ação.

O objetivo da gestão e da auditoria da gestão do século XXI é estabelecer planos alternativos de ação (b, c etc.) formatados para tratar as contingências controláveis ou conviver com as não controláveis com alcance de soluções sustentáveis para as entidades privadas ou governamentais.

A Figura 3.9 apresenta a trajetória a percorrer quando do exercício do ciclo de vida da mudança – o caminho para as soluções sustentáveis no ambiente dos planos alternativos de ação – explicitada quantitativamente pela variação (ascendente ou descendente) das métricas dos indicadores de desempenho ou de falhas.

Figura 3.9 – A visão dinâmica do ciclo de vida da mudança: o caminho das "soluções sustentáveis" com "planos alternativos de ação"

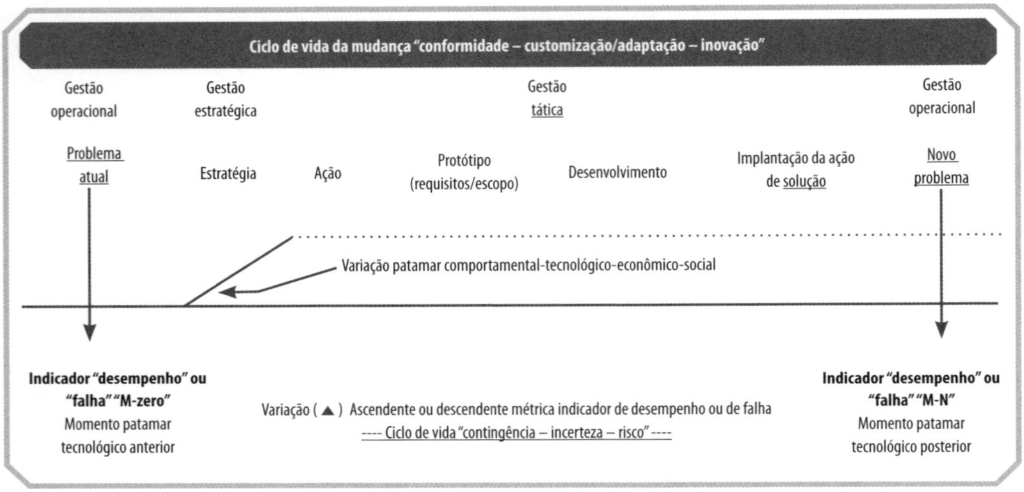

A viagem no espaço/tempo gestional explicitada na Figura 3.9 implica percorrer os momentos de problema atual, estratégia, tática, solução, novo problema, conforme a lógica:

- O problema atual (tecnologia SWOT) de ocorrência é identificado quando da gestão das operações do negócio no patamar tecnológico anterior (engenharia do processo);
- A estratégia definida pela alta administração ou escalões superiores dos negócios privados ou governamentais quando da gestão estratégica organizacional – caminho da estratégia à ação na perspectiva do modelo balanced scorecard (BSC) integrante do modelo da gestão CCM; DEQ; SWOT; BSC; PMBOK (DEQ); BIN; Marca Própria – estratégia/hipótese/solução no foco (engenharia do produto);
- A tática exercida pelas gerências intermediárias, profissionais especializados e colaboradores das entidades via gestão tática com: a elaboração de protótipo – a partir da obtenção de requisitos e definição de escopo; o desenvolvimento da solução ao problema; e a implantação da ação de solução alinhada com a estratégia determinada – ciclo de vida do projeto de mudança (engenharia do produto);
- A solução implantada com o maximizar do desempenho almejado (visão customização ou inovação) ou minimizar da falha detectada (visão conformidade) – alcance dos efeitos da decisão desejados (engenharia do produto);
- O novo problema de ocorrência é identificado quando da gestão das operações do negócio no patamar tecnológico posterior (engenharia do processo).

A lógica da Figura 3.9 – problema no patamar tecnológico anterior, estratégia, tática, solução, novo problema no patamar tecnológico posterior ou gestão operacional anterior; gestão estratégica; gestão tática; gestão da solução instalada; gestão operacional posterior – acrescer o ciclo de vida contingência/incerteza/risco acarreta percorrer o caminho dos planos alternativos de ação com alcance das soluções sustentáveis.

A gestão da solução sustentável instalada implica o exercício da engenharia reversa de resultados/cenários simulados paralelos.

A visão da eficácia da solução ante as contingências controláveis ou não controláveis, passíveis de ocorrência no horizonte presente/futuro, estudada/analisada está no âmago da gestão da solução sustentável instalada/engenharia reversa de resultados/cenários simulados paralelos conforme os vetores:

- As especificações preestabelecidas para resolução do problema atual – realce para as características dos efeitos da decisão/recomendação;
- As expectativas dos usuários/consumidores quanto a capacidade e intensidade de resolução do problema obtidas – a evolução tecnológica dos efeitos da decisão.

Neste ambiente do ciclo de vida da mudança – conformidade; customização/adaptação; inovação em ação –, ocorre a variação comportamental; tecnológica; econômica; social, quando da viagem no espaço/tempo gestional do patamar tecnológico anterior para o patamar tecnológico posterior nos empreendimentos privados ou governamentais – visão **sustentabilidade** em ação.

- Comportamental, com a vigência de um ou mais dos momentos organizacionais da mudança:
  - O refinar do capital humano por meio de novas atualizações do capital estrutural/organizacional com sua disponibilização aos profissionais do negócio – foco nas crenças e valores pessoais ou empresariais;
  - O ajustar do comportamento profissional às novas exigências da cultura organizacional estabelecida pelo ambiente externo – concorrência; mercado; governo; sociedade – foco na confiança e na reputação individual e coletiva (empresarial);

O afirmar a liderança individual (pessoa física) ou coletiva (pessoa jurídica) por meio do crescimento individual e dos empreendimentos privados ou públicos – a ênfase dos projetos de mudança está na afirmação do profissional e da coletividade integrante da organização.

- Tecnológico, com o concretizar de uma ou mais das possibilidades:
  - Novas ferramentas para o exercício das práticas inerentes aos processos empresariais;
  - Novos conteúdos para os instrumentos do negócio com o viabilizar de mais adequadas decisões;
  - Nova documentação para viabilizar maior nível de mobilidade individual (profissional) e do processo/produto empresarial em face da velocidade e intensidade das mudanças nas linhas de negócio e dos produtos/serviços.
- Econômico, com a ocorrência das situações:
  - Maior retorno financeiro dos dispêndios nas áreas direcionadas ao amanhã organizacional – pesquisa e desenvolvimento e engenharia do produto no foco (*on the spot*);

  - Maior rapidez e precisão na recuperação de perdas financeiras oriundas e como consequência da resolução das falhas no processo/produto organizacional – contemplar medidas de proteção preventivas (MPPs), medidas de proteção detectivas (MPDs) e medidas de proteção corretivas (MPCs).
- Social, com o viger dos momentos:
  - O contemplar do crescimento intelectual dos colaboradores com desafios constantes e variação nas exigências profissionais – estímulo ao diálogo, ao empreendedorismo e à criatividade funcional e empresarial;
  - O propor novos hábitos e expectativas de consumo e de vida a clientes e à coletividade – crescente maturidade social com evolução da variável empresa/sociedade.

A viagem no espaço/tempo gestional implica, a cada momento da variável contingência/incerteza/risco, trabalhar indicadores com suas correspondentes métricas: apurada; máxima; padrão máximo possível; padrão máximo aceitável; padrão mínimo aceitável; padrão mínimo possível; e mínima.

A ideia de métrica padrão pode ser trabalhada de forma pontual ou intervalar quando do evoluir do ciclo de vida da mudança do patamar tecnológico anterior para o patamar tecnológico posterior – o conceito da viagem no espaço/tempo gestional em ação.

A métrica padrão-alvo pode estar no estágio possível ou aceitável conforme parametrização estabelecida quando da gestão da variável contingência/incerteza/risco – padrão intervalar ascendente ou descendente definido.

A distância entre o aceitável e o possível caracteriza a ideia de nível de tolerância como padrão intervalar.

Tratar padrão de forma intervalar implica determinar e estudar a variação das métricas de indicadores de desempenho ou de falhas conforme o direcionamento do nível de tolerância/padrão intervalar – modelo DEQ em ação.

A lógica para análise da métrica apurada do indicador de desempenho ou de falha – *vide* Figura 3.10 – corresponde a:

- Para o direcionamento ascendente:
  - A métrica 1, apurada acima da métrica padrão máxima possível, indica desempenho superior ao nível de tolerância/padrão intervalar ascendente (NTPIA) para o evento organizacional objeto de maximizar o desempenho – indicador de desempenho 1 (nível de desempenho ID ascendente);
  - A métrica 2, apurada dentro do nível de tolerância/padrão intervalar ascendente (NTPIA) – métrica padrão máxima aceitável/métrica padrão máxima possível –, indica desempenho normal/dentro do esperado para o evento organizacional objeto de maximizar o desempenho – indicador de desempenho 2 (nível desempenho ID ascendente);
  - A métrica 3, apurada abaixo da métrica padrão máxima aceitável, indica desempenho inferior ao nível de tolerância/padrão intervalar ascendente (NTPIA) para o evento organizacional objeto de maximizar o desempenho – indicador de desempenho desfavorável igual ao indicador de falha 3 (nível de falha IF ascendente).

- Para o direcionamento descendente:
  - A métrica 4, apurada acima da métrica padrão mínima aceitável, indica desempenho inferior ao nível de tolerância/padrão intervalar descendente (NTPID) para o evento organizacional objeto de maximizar o desempenho – indicador de desempenho desfavorável igual ao indicador de falha 4 (nível de falha IF descendente);
  - A métrica 5, apurada dentro do nível de tolerância/padrão intervalar descendente (NTPID) – métrica padrão mínima aceitável/métrica padrão mínima possível –, indica desempenho normal dentro do esperado para o evento organizacional objeto de maximizar o desempenho – indicador de desempenho 5 (nível de desempenho ID descendente);
  - A métrica 6, apurada abaixo da métrica padrão mínima possível, indica desempenho superior do nível de tolerância/padrão intervalar descendente (NTPID) para o evento organizacional objeto de maximizar o desempenho – indicador de desempenho 6 (nível de desempenho ID descendente).

Algumas diretrizes para as análises das métricas dos indicadores de desempenho são:

- Equalizar a aplicação do modelo matemático para cálculo do nível de tolerância/padrão intervalar;
  - Usar de forma sistemática média e desvio padrão para apuração de métrica padrão aceitável e métrica padrão possível para efeito consistência nas práticas de *benchmark* – método Delphi em ação;
- O nível de tolerância/padrão intervalar deve ser parametrizado com regras de negócio adequadas ao modelo matemático praticado. A amplitude constante das escalas de votação ou o uso sistemático de ponderação para os votos dos participantes do processo de votação com apuração equilibrada de métricas padrão aceitável e possível.

A obtenção do nível de tolerância/padrão intervalar com o conceito de escolha das possibilidades almejadas por e de responsabilidade de executivos, gestores e profissionais especializados partícipes de processos de votação dá o respaldo para adoção do método Delphi com subsequente aplicação de modelagem matemática baseada em média e desvio padrão.

As regras para alcance de maiores níveis de desempenho ou menores níveis de falhas – na visão nível de tolerância/padrão intervalar ascendente (NTPIA) ou descendente (NTPID) – impõem o estudo das métricas dos indicadores de desempenho ou de falhas nos momentos pré (m-zero) e pós (m-n) – *vide* Figura 3.9 – quando do desenvolvimento e implantação de:

- Projeto da ação de mudança para otimização (AO) para melhoria dos recursos do fator crítico de sucesso (FCS):
  - customização ou inovação tecnológica do controle interno vigente/praticado no processo/produto do negócio.
- Projeto de medida de mudança para proteção (MP) – medida de proteção preventiva (MPP); medida de proteção detectiva (MPD); medida de proteção corretiva (MPC) – dos recursos do fator crítico de sucesso (FCS):
  - conformidade com o controle interno vigente/praticado no ambiente do negócio.

A sintonia do conteúdo das Figuras 3.9 e 3.10 estabelece a argumentação técnica-operacional para uso da ferramenta indicadores/métricas de desempenho ou de falha para a gestão dos negócios privados ou governamentais.

Figura 3.10 – Avaliação do desempenho/falha com base nas métricas ascendentes ou descendentes dos indicadores organizacionais

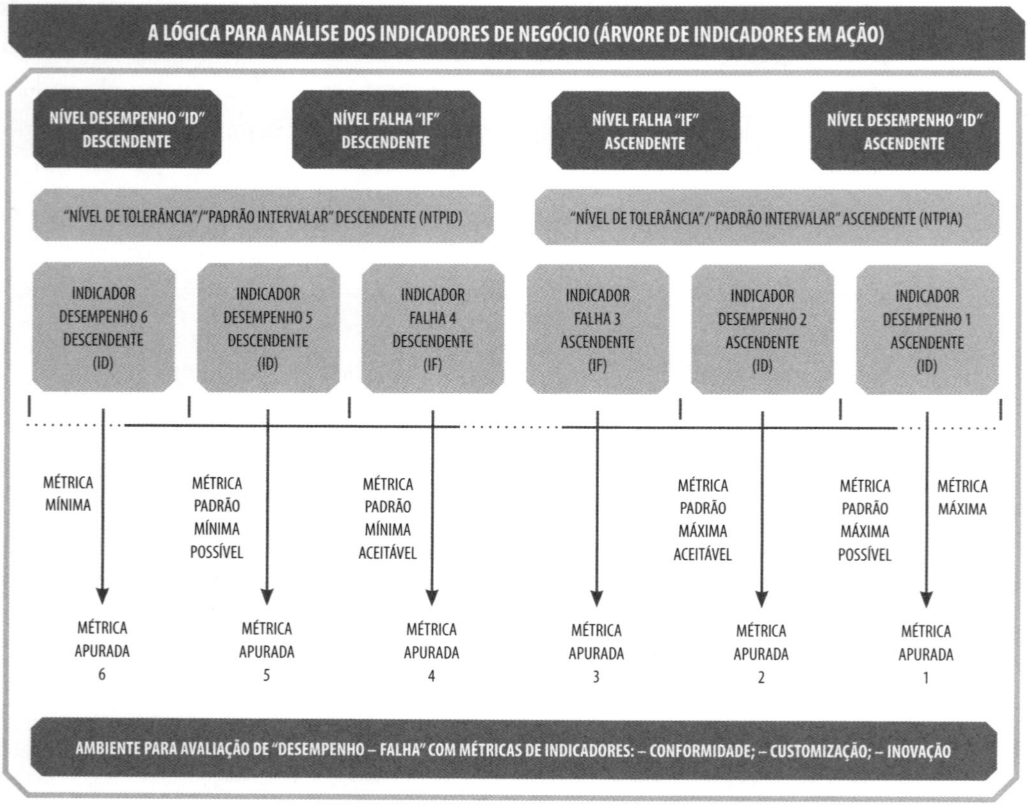

A auditoria da qualidade do uso da ferramenta indicadores/métricas de desempenho ou de falha é prática insubstituível para as organizações de primeira linha do século XXI.

Decisões vitoriosas carecem da lógica para gestão (planejamento; execução; controle) dos negócios à altura das explanações apresentadas e da lógica para auditoria da gestão, como a quarta função administrativa imprescindível a verificação e certificação da qualidade do processo/produto organizacional, que é mandatória.

A ideia de métrica máxima e de métrica mínima, respectivamente possível e aceitável para o padrão de desempenho ou da falha a buscar, viabiliza maior possibilidade de acerto à solução pretendida e determina o conceito de lógica *fuzzy* (lógica nebulosa) – o padrão intervalar em ação.

A Figura 3.11 explicita o contexto da mudança comportamental, tecnológica, econômica, social com planos alternativos de ação para alcance de soluções sustentáveis de empreendimentos privados ou públicos – o impacto das contingências controláveis ou não controláveis no horizonte presente/futuro organizacional.

Figura 3.11 – A gestão de negócios privados ou governamentais com a engenharia reversa de resultados/cenários simulados paralelos

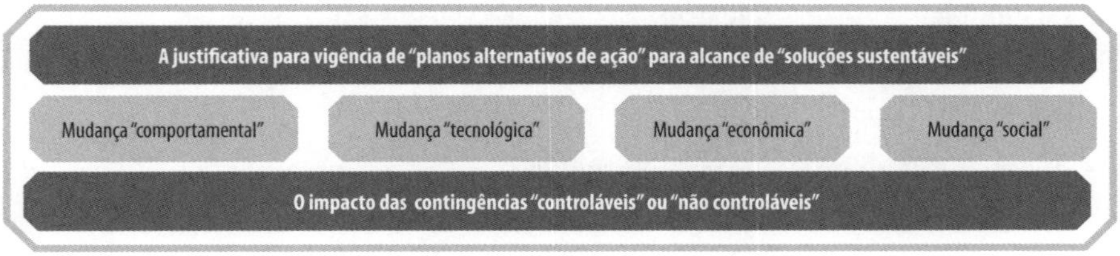

A auditoria da gestão das mudanças, por meio de sua vertente testar/provar/recomendar/opinar, tem sua participação no processo/produto de mudança.

A adoção da ideia de soluções sustentáveis e demais variáveis e ideias associadas reforça a necessidade de ampliar o escopo de atuação da função administrativa auditoria na perspectiva do testar/provar/recomendar/opinar quanto à qualidade dos planos alternativos de ação b, c etc.

A auditoria das ideias e variáveis associadas a contingências controláveis/não controláveis é decisiva para a qualidade do ciclo de vida da mudança – auditoria operacional e da gestão em ação:

- auditoria de soluções sustentáveis;
- auditoria do *laser* decisão/recomendação;
- auditoria da engenharia reversa de resultados/cenários simulados paralelos;
- auditoria da retrocausalidade gestional;
- auditoria de planos alternativos de ação;
- auditoria da viagem virtual no espaço/tempo gestional;
- auditoria de mapa contingencial/gestional;
- auditoria da não localidade gestional.

A Figura 3.12 estrutura células para realizar auditoria dos vetores da gestão da mudança – foco nas contingências controláveis ou não controláveis.

Figura 3.12 – Gestão e auditoria de contingências controláveis/não controláveis

Auditoria da mudança / Gestão da mudança	Testar	Provar	Recomendar	Opinar
Soluções sustentáveis				
Laser decisão/recomendação				
Engenharia reversa de resultados/ cenários simulados paralelos				
Retrocausalidade gestional				
Planos alternativos de ação				
Viagem virtual no tempo/ Espaço gestional				
Mapa contingencial/ gestional				
Não localidade gestional				

Por exemplo, auditar o aplicar/concretizar as ideias das variáveis associadas às contingências controláveis ou não controláveis impõe o exercício das atividades (Figura 3.12):

- *Testar* a lógica desenvolvida por gestores e profissionais especializados ao caracterizar soluções sustentáveis (célula 1;1);
  - aplicar a técnica de auditoria "questionário" – com auxílio da visão DEQ para gestão do conhecimento (causas/efeitos; "5w/2h"; vantagens/necessidades/restrições) – para confrontar as justificativas do desenvolver/instalar soluções sustentáveis com os efeitos das mesmas após sua implantação.

A argumentação e a lógica de auditor e auditado – vigentes nas verificações da auditoria – estão no âmago do conviver com contingências controláveis ou não controláveis – *benchmark* de ideias e de análises para escolha de soluções sustentáveis no foco (*on the spot*).

- **Provar** o cumprimento da "engenharia reversa de resultados/cenários simulados paralelos" com o conteúdo de documentação/instrumentos comprobatórios dos testes realizados compreende (célula 2;3);
  - Transformar em gráficos o conteúdo de bancos de dados com os testes da auditoria realizada;
  - Basear a argumentação exibida nos relatórios de análise da auditoria realizada e sustentada com provas de causas ou de efeitos do nível de desempenho ou das falhas verificadas;
- **Recomendar** novas ações para melhorar a qualidade dos planos alternativos de ação (célula 3;5);

A contribuição comportamental, administrativa, financeira, técnica e operacional para maior desempenho ou menor nível de falhas dos efeitos das soluções almejadas é o principal objetivo da realização de projetos de auditoria no ambiente operacional ou da gestão dos negócios privados ou governamentais.

- **Opinar** quanto à qualidade das soluções sustentáveis propostas no sentido da obtenção dos efeitos das decisões adotadas (célula 4;1).

A opinião da auditoria é um posicionamento da equipe de auditores efetuado a partir de análise independente das "causas" e dos "efeitos" das contingências controláveis ou não controláveis (decisão / recomendação inclusas) inerentes ao ciclo de vida da mudança do patamar tecnológico anterior para o posterior de organizações particulares ou públicas.

3.3 Estruturação dos instrumentos são de natureza "relatórios"; "telas"; "arquivos"; e "segmentos de bancos de dados"

As correlações de efeitos com causas – com uso da retrocausalidade gestional/não localidade gestional das – contingências do ciclo de vida da decisão/recomendação são decisivas para o sucesso do planejamento e controle estratégico ou tático dos negócios.

A adequada metodologia para gestão e auditoria da gestão incorpora ferramentas, instrumentos e práticas de planejamento e controle estratégico ou tático.

O entendimento do processo/produto do ciclo de vida da decisão, com a abordagem da variável espaço/tempo gestional é a chave para o exercício de boas práticas no ambiente de planejamento e controle estratégico ou tático, ou seja, na gestão da mudança do negócio privado ou governamental- temos a qualidade do emprego de ferramentas tecnológicas da gestão e o alcance de conteúdo dos instrumentos gestionais.

A comunicação dos principais eventos organizacionais de ocorrência no transcorrer do ciclo de vida da decisão/recomendação é atividade importante para a qualidade da mudança.

Os relatórios, telas e bancos de dados são instrumentos para divulgar as atividades e eventos do ciclo de vida da mudança, ou seja, dos resultados da aplicação das ferramentas da gestão aos processos do ciclo de vida da mudança em ação.

A Figura 3.13 esquematiza o ambiente da tecnologia da informação e comunicações (TIC) em que o processamento da variável informação/conhecimento é concretizado com o uso de sistema de informações sustentabilidade do negócio.

Figura 3.13 – Sistema sustentabilidade/mudanças dos negócios, conhecimentos e métricas

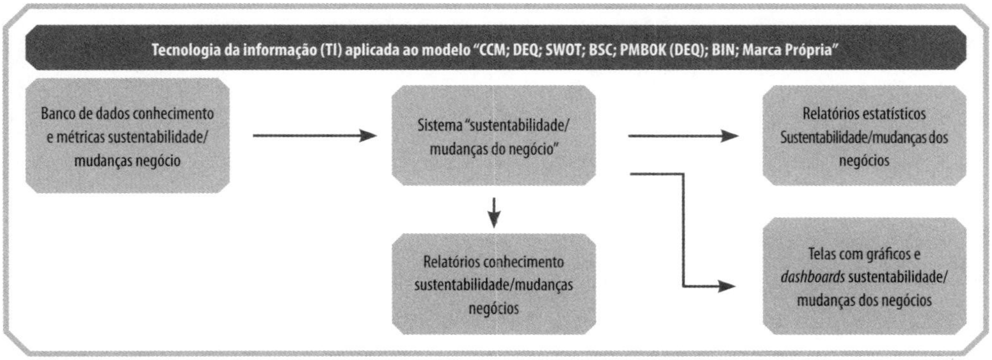

Os resultados obtidos com as decisões adotadas e instaladas e trabalhados com sistema de informações das mudanças para sustentabilidade dos negócios são de mais fácil utilização/consumo quando apresentados de forma gráfica ou tabular, para facilidade de comunicação entre todos os participantes dos processos de mudança organizacional.

Os executivos, gestores, profissionais especializados e auditores são os personagens do ciclo de vida da decisão/recomendação que necessitam da melhor representação visual para maior rapidez nos processos decisórios.

O conteúdo dos instrumentos para comunicação do desenrolar do ciclo de vida da decisão/recomendação é submetido a processos de escolha quando ferramentas matemáticas para cálculo do risco servem para hierarquia de eventos organizacionais, projetos de mudança e contingências organizacionais – a lógica do sistema de sustentabilidade do negócio em ação (Figura 3.13).

Práticas para otimizar os recursos aplicados aos processos e os resultados modificadores dos cenários futuros do negócio são a essência da sustentabilidade organizacional.

Os instrumentos de natureza gráficos, *dashboards* ou relatórios sintéticos ou analíticos podem ser emitidos na perspectiva mensal, anual ou por fase de projeto de mudança com classificação por natureza do recurso ou do parâmetro da gestão objeto da mudança.

O sistema sustentabilidade/mudanças do negócio apresenta saídas de natureza:

- Relatórios conhecimento sustentabilidade mudanças do negócio;
- Relatórios estatísticos sustentabilidade/mudanças dos negócios;
- Telas com gráficos e *dashboards* sustentabilidade/mudanças dos negócios.

Estas saídas do sistema de sustentabilidade/mudanças do negócio viabilizam as apresentações a investidores, clientes, fornecedores e para a população da região geográfica de atuação do empreendimento – a comunicação social para alcance do crescente reconhecimento da sociedade quanto à contribuição organizacional à continuidade com melhor nível de vida para funcionários e comunidade.

A cada exercício do ciclo de vida da mudança, a alimentação do banco de dados de conhecimento e métricas sustentabilidade/mudanças do negócio é realizada.

A importância do sistema sustentabilidade/ mudanças dos negócios é espelhada com as ideias de:

- O tratamento matemático da variação das métricas dos indicadores e seus riscos associados, com a apresentação dos resultados por meio de gráficos ou *dashboards,* é prática integrante de modelos de gestão ou auditoria da gestão que contemplem a vertente comportamento profissional – contingência – incerteza – risco – desempenho – falhas – indicadores – métricas – problema – decisão – mudança – conhecimento – solução – reconhecimento profissional (a cultura organizacional em ação);
- Os vetores integrantes do conceito de controle interno (*vide* tópico 2.1 – capítulo 2) são dinamizados com o vetor mudança e objetos de constante ajuste e adaptação – importância do "sistema sustentabilidade/mudanças dos negócios" em ação.

Estruturar cada etapa da metodologia de gestão da mudança do negócio implica a geração de relatórios e de bancos de dados cujo conteúdo contempla informação e conhecimento acerca do processo/produto de mudança.

Estruturar a lógica para exercício de modelos da gestão facilita o entendimento do conteúdo dos relatórios e bancos de dados da gestão.

Esses relatórios e registros ou segmentos de bancos de dados são de conteúdo e de naturezas diversas.

Três momentos decisivos para a qualidade do processo decisório são:

- A identificação/caracterização do problema – relatório/tela/segmento de banco de dados "problemas";

Figura 3.14 Lógica do problema objeto do projeto de mudança
Maximizar desempenho ou minimizar falhas – modelo de gestão da mudança

RELATÓRIO / TELA / ARQUIVO / SEGMENTO DE BANCO DE DADOS "PROBLEMAS"

1.0 – OBJETIVOS DA SOLUÇÃO DO PROBLEMA.
---- IDENTIFICAR E CARACTERIZAR O PROBLEMA.

2.0 – NATUREZA DO PROBLEMA.
---- PARÂMETROS DA GESTÃO.
---- RECURSOS OBJETO DO PROBLEMA.
---- CARACTERÍSTICAS DO PROBLEMA.

3.0 – ABORDAGEM DO PROBLEMA.
---- CAUSAS/EFEITOS.
---- 5W/2H.
---- VANTAGENS; NECESSIDADES; RESTRIÇÕES.

4.0 – CONCLUSÃO.
---- RESUMO COM HIERARQUIA DOS PROBLEMAS (RISCO).

- A proposição/instalação da mudança – relatório/tela/segmento de banco de dados "mudanças".

Figura 3.15 – Lógica para produto final do projeto de mudança – projeto de mudança (conformidade/customização/inovação) – maximizar desempenho ou minimizar falhas – modelo de gestão da mudança

RELATÓRIO / TELA / ARQUIVO / SEGMENTO DE BANCO DE DADOS "MUDANÇAS"

1.0 – OBJETIVOS.
---- MAXIMIZAR O DESEMPENHO OU MINIMIZAR AS FALHAS.
2.0 – NATUREZA DAS MUDANÇAS.
---- PARÂMETROS DA GESTÃO.
---- RECURSOS OBJETO DAS MUDANÇAS.
---- MODALIDADES DAS MUDANÇAS.
---- ORIGEM DAS MUDANÇAS.
3.0 – JUSTIFICATIVAS DAS MUDANÇAS.
---- CAUSAS / EFEITOS.
---- 5W / 2H.
---- VANTAGENS; NECESSIDADES; RESTRIÇÕES.
4.0 – CONCLUSÃO.
---- RESUMO COM HIERARQUIA DAS MUDANÇAS (RISCO).

- A aposta e formatação das contingências – relatório/tela/segmento de banco de dados "contingências".

Figura 3.16 – L ógica da contingência associada ao projeto de mudança (conformidade/customização/inovação) – maximizar desempenho ou minimizar falhas – modelo de gestão da mudança

RELATÓRIO/TELA/ARQUIVO/SEGMENTO DE BANCO DE DADOS " CONTINGÊNCIAS"

1.0 – OBJETIVOS.
---- IDENTIFICAR EVENTOS CONTINGENTES .
---- FAVORÁVEIS OU DESFAVORÁVEIS E DE OCORRÊNCIA OU NÃO .
---- NO ESPAÇO/TEMPO DO CICLO DE VIDA DA MUDANÇA.
2.0 – NATUREZA DA CONTINGÊNCIA.
---- PARÂMETROS DA GESTÃO.
---- RECURSOS OBJETO DAS CONTINGÊNCIAS.
---- CARACTERÍSTICAS DAS CONTINGÊNCIAS.
3.0 – CONHECER A CONTINGÊNCIA.
---- CAUSAS/EFEITOS.
---- 5W/2H.
---- VANTAGENS; NECESSIDADES; RESTRIÇÕES.
4.0 – CONCLUSÃO.
---- RESUMO COM HIERARQUIA DAS CONTINGÊNCIAS.

As características dos relatórios/telas/segmento de banco de dados do sistema sustentabilidade/mudanças dos negócios são de natureza – tecnologia da informação e comunicações (TIC) em ação:

- O relatório/tela/segmento de banco de dados problemas visa à análise e às justificativas quanto à escolha dos problemas a solucionar.

A estrutura dos problemas deve ser apresentada nos relatórios/segmentos de bancos de dados problemas com a finalidade de apoiar o processo de escolha e dar tratamento aos problemas e respectivas soluções propostas – decisão; ação; projeto de mudança no foco.

A solução do problema com maior possibilidade de sucesso e maior impacto na qualidade do processo/produto empresarial é o objetivo primordial do modelo de gestão do negócio privado ou governamental – alcance dos efeitos da mudança desejados em ação.

A hierarquia para escolha dos problemas a tratar é apurada com a tecnologia para gestão do risco – risco do problema para a sustentabilidade do negócio em ação.

Os problemas são identificados conforme a ideia de conformidade, customização e inovação ante o controle interno instalado ou pretendido.

- O relatório/tela/segmento de banco de dados mudanças é o instrumento dos gestores para demonstrar e defender as prioridades às mudanças consoante as estratégias organizacionais.

O relatório/tela/segmento de banco de dados mudanças pode ser elaborado consoante seus momentos de mudança proposta e mudança a instalar.

As tabulações referentes ao binômio mudança/solução e relacionadas aos parâmetros da gestão ou da auditoria da gestão são objeto de relatório/tela/segmento de banco de dados estatísticas sustentabilidade/mudanças dos negócios.

- O relatório/tela/segmento de banco de dados contingências apresenta o conteúdo da vertente contingência/incerteza/risco considerada o objeto de atuação do profissional do negócio para diminuir a distância ou a diferença entre a mudança proposta e a mudança instalada.

O histórico das contingências apostadas versus ocorridas e constantes de segmentos do banco de dados conhecimento e métricas sustentabilidade/mudanças do negócio é base para novos ciclos de vida da gestão ou da auditoria da gestão.

O sistema sustentabilidade/mudanças do negócio trata o conteúdo dos bancos de dados – registros/telas/segmentos – com o conhecimento descrito nas Figuras 3.14, 3.15 e 3.16.

Os projetos de mudança adotados e desenvolvidos são o meio de conexão dos problemas às soluções de mudanças a cada momento histórico das entidades – gestão do risco em ação.

O relatório de problemas tem seu conteúdo formatado como:

- Objetivos da solução do problema;
- Natureza do problema;
- Abordagem do problema; e
- Conclusão.

O relatório de problemas dá início ao processo de mudança com a identificação, caracterização, priorização e forma para solução do problema.

O relatório de mudanças pode ser estruturado consoante os tópicos:

- Objetivos das mudanças;
- Natureza das mudanças propostas;
- Justificativas das mudanças; e
- Conclusão.

O relatório de mudanças está inserido no ciclo de vida da mudança – problema atual; estratégia; tática; novo problema.[2]

O projeto de mudança é a missão da gestão com o realizar dos processos decisórios e alcançar os efeitos das decisões ao considerar para as entidades privadas ou públicas:

- a vertente contingência/incerteza/risco;
- o conceito de controle interno;
- o exercício da auditoria na visão validar e avaliar o desempenho e as falhas dos processos/produtos dos negócios.

O risco da mudança é momento decisivo nos processos decisórios e a ferramenta de risco é a determinante na sistemática de escolha de:

- problema com maior impacto à continuidade do negócio;
- estratégia com melhor viabilidade para solução do problema;
- ação tática com força para instalar a estratégia e resolver o problema;
- homologação da instalação da solução com a mudança consumada.

A contingência é o elemento surpresa no processo/produto do ciclo de vida da mudança e como tal necessita de tratamento sistemático com as tecnologias inseridas nas metodologias de gestão ou de auditoria da gestão:

- Soluções sustentáveis;
- *Laser* decisão/recomendação;
- Engenharia reversa de resultados/cenários simulados paralelos;
- Retrocausalidade gestional;
- Planos alternativos de ação;
- Viagem virtual no espaço/tempo gestional;
- Mapa contingencial/gestional; e
- Não localidade gestional.

Toda mudança, para ser aceita/homologada, deve carregar o processo/produto outrora problemático e agora sanado do atual patamar tecnológico anterior para o patamar tecnológico posterior.

O modelo da gestão está plenamente contemplado quando demonstra que:

- A sintonia do relatório de problemas com o relatório de mudanças é adequada;
- O relatório de contingências é consistente e apresenta a competência profissional – comportamento profissional mais cultura organizacional – de executivos, gestores e profissionais especializados quando do tratar eventos organizacionais do horizonte presente/futuro dos negócios – ênfase ao ciclo de vida da decisão/recomendação;

---

2 Para melhor conhecimento das ferramentas e instrumentos da tecnologia da informação ver GIL, Antonio de Loureiro et al. Sistemas de informações contábeis. São Paulo: Saraiva, 2011.

- A evolução tecnológica e funcional do negócio privado ou público está registrada no balanço intelectual (BIN) e no certificado da marca própria.

A Figura 3.17 – a plenitude do modelo de gestão estrutura os instrumentos fundamentais para apresentação do caminho problema do patamar atual, estratégia, tática com projeto de mudança (escopo; desenvolvimento; homologação) e problema do novo patamar.

Figura 3.17 – Do problema à mudança – a plenitude do modelo de gestão da mudança

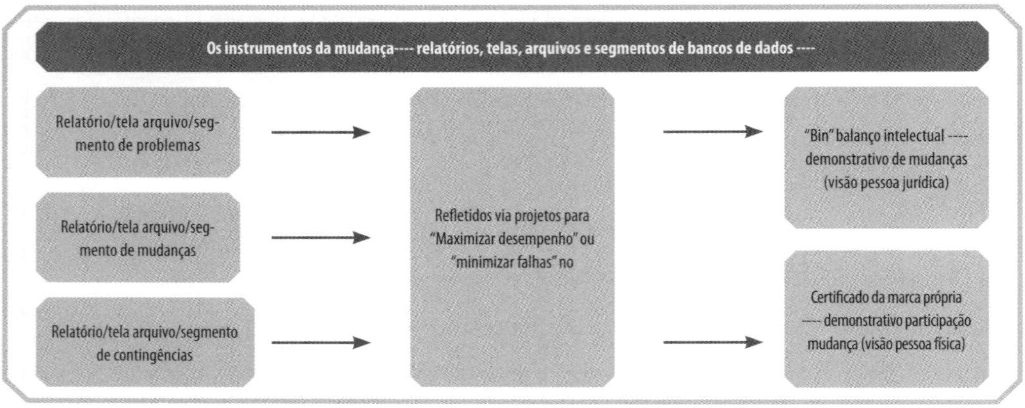

O contemplar e demonstrar a evolução tecnológica organizacional e o reconhecimento do profissionalismo e competência dos profissionais/negócio (equipe de projeto e demais profissionais envolvidos com as mudanças organizacionais) é o foco dos instrumentos da gestão e objeto de auditoria da gestão:

1. BIN – balanço intelectual;

Figura 3.18 – O balanço intelectual (BIN) na visão desempenho. A abordagem estratégica e tática como utilidade e funcionalidade do BIN e a forma relatório, tela, arquivo e segmento de bancos de dados

BALANÇO INTELECTUAL "DESEMPENHO"---- ANO "XXXX" / NÚMERO "XXX" ----

1.0 – VISÃO "ÁREA ORGANIZACIONAL – LOGÍSTICA; CONTROLADORIA; TECNOLOGIA DA INFORMAÇÃO E COMUNICAÇÕES (TIC); GESTÃO DE PESSOAS.

2.0 – VISÃO "CCM – CROSS CULTURAL MANAGEMENT/CULTURA ORGANIZACIONAL":
---- VERTENTE "CRENÇAS; VALORES; LIDERANÇA; CONFIANÇA; REPUTAÇÃO".

3.0 – VISÃO "DEQ ---- DECISÃO; EVENTO ORGANIZACIONAL; QUANTIFICAÇÃO":
---- VERTENTE "DESEMPENHO ---- FCS/AO/ID/RECURSOS".
---- VERTENTE "CONTINGÊNCIA; INCERTEZA; RISCO ---- EIEN; EIEX; EFEN;EFEX".
---- VERTENTE "PARÂMETRO DA GESTÃO".
---- VERTENTE "INDICADORES; MÉTRICAS/MONETÁRIAS (MM); NÃO MONETÁRIAS (MNM)".
---- VERTENTE "DEMONSTRATIVO CONTÁBEL – FINANCEIRO ASSOCIADO".

4.0 – VISÃO "SWOT ---- "STRENGTH"; "WEAKNESS"; "OPPORTUNITY": "THREAT":
---- VERTENTE "FORÇA" (INTERNA); "OPORTUNIDADE" (EXTERNA).

Figura 3.19 – O balanço intelectual (BIN) na visão desempenho – a abordagem tática como utilidade e funcionalidade do BIN e a forma relatório, tela, arquivo e segmento de bancos de dados

BALANÇO INTELECTUAL "DESEMPENHO" ---- ANO "XXXX" / NÚMERO "XXX" ----

5.0 – VISÃO "BSC ---- BALANCED SCORECARD":

---- VERTENTE "OBJETIVOS ESTRATÉGICOS".

---- VERTENTE "PERSPECTIVAS

---- FINANCEIRA; CLIENTE; INTERNA; APRENDIZADO E CRESCIMENTO".

---- VERTENTE "TEMA

---- MENSURAÇÃO: M-ZERO/M-UM/M-N/MN+UM/M-N+N; ALVO; INICIATIVA".

6.0 – VISÃO "PMBOK-DEQ

---- PROJECT MANAGEMENT BODY OF KNOWLEDGE NA PERSPECTIVA "FALHAS VERSUS DESEMPENHO":

---- VERTENTE "CONTINGÊNCIA/INCERTEZA / RISCO".

---- VERTENTE "PROJETOS DE MUDANÇA

---- REQUISITOS/ESCOPO/PROTÓTIPO;

DESENVOLVIMENTO; INSTALAÇÃO; HOMOLOGAÇÃO/ACEITAÇÃO DA AÇÃO TÁTICA".

7.0 – VISÃO "BIN – BALANÇO INTELECTUAL; CERTIFICADO DA MARCA PRÓPRIA":

---- VERTENTE "EQUIPE DE PROFISSIONAIS":

7.1 -- "CAPITAL INTELECTUAL

---- HUMANO; ESTRUTURAL; RELACIONAL".

7.2 – "RECOMPENSA PROFISSIONAL

---- REMUNERAÇÃO VARIÁVEL; PROGRAMA DE INCENTIVOS; RECONHECIMENTO PROFISSIONAL".

Figura 3.20 – O balanço intelectual BIN na visão falha – abordagem estratégica e tática como utilidade e funcionalidade do BIN com a forma relatório, tela, arquivo, segmento de banco de dados

BALANÇO INTELECTUAL "FALHA" ---- ANO "XXXX" / NÚMERO "XXX" ----

1.0 – VISÃO "ÁREA ORGANIZACIONAL – LOGÍSTICA; CONTROLADORIA; TECNOLOGIA DA INFORMAÇÃO E COMUNICAÇÕES (TIC); GESTÃO DE PESSOAS.

2.0 – VISÃO "CCM – CROSS CULTURAL MANAGEMENT/CULTURA ORGANIZACIONAL":

---- VERTENTE "CRENÇAS; VALORES; LIDERANÇA; CONFIANÇA; REPUTAÇÃO".

3.0 – VISÃO "DEQ – DECISÃO; EVENTO ORGANIZACIONAL; QUANTIFICAÇÃO":

---- VERTENTE "FALHA ---- SPOF / MP (MPP; MPD; MPC)/IF/RECURSOS".

---- VERTENTE "CONTINGÊNCIA; INCERTEZA; RISCO ---- EIEN; EIEX; EFEN;EFEX".

---- VERTENTE "PARÂMETRO DA GESTÃO".

---- VERTENTE "INDICADORES; MÉTRICAS/MONETÁRIAS (MM); NÃO MONETÁRIAS (MNM)".

---- VERTENTE "DEMONSTRATIVO CONTÁBIL – FINANCEIRO ASSOCIADO".

4.0 – VISÃO "SWOT ---- "STRENGTH"; "WEAKNESS"; "OPPORTUNITY"; "THREAT": ---- VERTENTE "FRAQUEZA" (INTERNA); "AMEAÇA" (EXTERNA).

Figura 3.21 – O balanço intelectual BIN na visão falha – a abordagem estratégica e tática como utilidade e funcionalidade do BIN, com a forma relatório, tela, arquivo e segmento de banco de dados

BALANÇO INTELECTUAL "FALHA" ---- ANO "XXXX" / NÚMERO "XXX" ----

5.0 – VISÃO "BSC ---- BALANCED SCORECARD":
---- VERTENTE "OBJETIVOS ESTRATÉGICOS".
---- VERTENTE "PERSPECTIVAS ---- FINANCEIRA; CLIENTE; INTERNA; APRENDIZADO E CRESCIMENTO".
---- VERTENTE "TEMA ---- MENSURAÇÃO: M-ZERO/M-UM/M-N/MN+UM/M-N+N; ALVO; INICIATIVA".
6.0 – VISÃO "PMBOK-DEQ ---- PROJECT MANAGEMENT BODY OF KNOWLEDGE NA PERSPECTIVA "FALHAS VERSUS DESEMPENHO":
---- VERTENTE "CONTINGÊNCIA/INCERTEZA/RISCO".
---- VERTENTE "PROJETOS DE MUDANÇA ---- REQUISITOS/ESCOPO/PROTÓTIPO; DESENVOLVIMENTO; INSTALAÇÃO; HOMOLOGAÇÃO/ACEITAÇÃO DA AÇÃO TÁTICA".
7.0 – VISÃO "BIN – BALANÇO INTELECTUAL; CERTIFICADO DA MARCA PRÓPRIA":
---- VERTENTE "EQUIPE DE PROFISSIONAIS":
7.1 – "CAPITAL INTELECTUAL ---- HUMANO; ESTRUTURAL; RELACIONAL".
7.2 – "RECOMPENSA PROFISSIONAL ---- REMUNERAÇÃO VARIÁVEL; PROGRAMA DE INCENTIVOS; RECONHECIMENTO PROFISSIONAL".

2. Certificado da Marca Própria.

Figura 3.22 – Certificado da marca própria – o reconhecimento profissional em ação, com a forma relatório, tela, arquivo, segmento de banco de dados para o certificado da Marca Própria

BACERTIFICADO DA MARCA PRÓPRIA DESEMPENHO OU FALHA
---- ANO "XXXX" / NÚMERO "XXX" ----

CERTIFICAMOS A PARTICIPAÇÃO DO SENHOR "X" COMO PROFISSIONAL INTEGRANTE DO PROJETO DE MUDANÇA "XYZ" (DESEMPENHO OU FALHA) COM A OBTENÇÃO DE VARIAÇÃO FAVORÁVEL DA MÉTRICA DE:
1 – INDICADOR DE DESEMPENHO (ID):
1.1 – MÉTRICA ("MNM" OU "MM") MOMENTO "M-ZERO": ---------
1.2 – MÉTRICA ("MNM" OU "MM") MOMENTO "M-N+N": -----------
2 – INDICADOR DE FALHA (IF):
2.1 – MÉTRICA ("MNM" OU "MM") MOMENTO "M-ZERO": -----------
2.2 – MÉTRICA ("MNM" OU "MM") MOMENTO "M-N+M": -------------

SÃO PAULO, 03 DE AGOSTO DE 2012.
PROFESSOR DOUTOR ANTONIO DE LOUREIRO GIL
DIRETOR EXECUTIVO

Estruturado como espelho dos processos de transformação ocorridos ou a ocorrer no ciclo de vida dos negócios, serve o BIN para projetar o compromisso com a evolução dos negócios ao retratar a forma e o impacto vivenciados ou esperados das decisões/recomendações adotadas nos níveis estratégico e tático das entidades particulares ou públicas.

O BIN está para os negócios como documentação para apresentações da solidez e continuidade organizacional com ênfase na demonstração da capacidade de comandar a evolução de produtos e serviços no mercado e de contribuir com as transformações da sociedade – sustentabilidade tecnológica, econômica, social e ambiental em ação.

A associação do conteúdo do BIN com aquele dos demonstrativos contábeis e financeiros é prática de excelência para as organizações do século XXI.

O BIN é foco central dos modelos de gestão CCM; DEQ; SWOT; BSC; PMBOK (DEQ); BIN – Marca Própria" e de auditoria de gestão "AUD" com o demonstrar a evolução tecnológica organizacional e a intensidade dos efeitos das mudanças previstas e efetivamente instaladas com a conclusão do ciclo de vida da mudança.

O BIN pode ser estruturado conforme dois momentos organizacionais: maximizar o desempenho (projetos de ação de otimização nas visões customização ou inovação) – Figuras 3.18 e 3.19 – ; e minimizar as falhas (projetos de medida de proteção na visão conformidade) – Figuras 3.20 e 3.21.

O BIN como instrumento pertencente ao negócio permite estudos posteriores quanto:

- Aos ciclos de vida da decisão/recomendação do amanhã organizacional – sustentabilidade tecnológica, econômica, social e ambiental no foco;
- À avaliação da capacidade e nível de comprometimento de executivos, gestores e profissionais especializados na evolução dos empreendimentos.[3]

O certificado da marca própria com sintonia e comprovação de sua veracidade é sintonizado ao BIN, sendo de propriedade da pessoa física, e pode constar do currículo do profissional/negócio envolvido com as mudanças organizacionais.

Com ponderação quanto à força da mudança e do grau de participação do profissional/negócio no ciclo de vida da decisão/recomendação serve o certificado da marca própria como documentação comprobatória da capacidade intelectual e do compromisso de cada profissional no gerar conformidade, customização ou inovação – efeitos da mudança no foco.

O certificado da marca própria, dentre de suas variações, pode flagrar:

- A natureza do parâmetro da gestão objeto do projeto;
- O ambiente organizacional – logística, controladoria, tecnologia da informação e comunicações (TIC); gestão de pessoas – onde o projeto de mudança foi elaborado;
- A fase do ciclo de vida da decisão/recomendação da qual o profissional/negócio participou;
- O tipo de atividade desenvolvida pelo profissional/negócio.

O atual estágio da nossa sociedade operada com a tecnologia da informação e comunicações (TIC) baseada na plataforma da internet é a chamada ***era da colaboração***.

A ***era da colaboração*** está baseada na gestão da informação/conhecimento de eventos organizacionais vivenciados por executivos, gestores, profissionais especializados do negócio ou obtidos por meio de experiências alheias alcançadas no ambiente da rede mundial de computadores (visão da internet) – a ***era da inteligência conectada*** em ação.

A era da colaboração, ou era da inteligência conectada, impõe intensa interação do capital humano com o capital estrutural e com o capital relacional para a geração do conhecimento necessário à qualidade da

[3] Para conhecer melhor os instrumentos balanço intelectual (BIN) e certificado da marca própria ver GIL, Antonio de Loureiro; ARNOSTI, José Carlos. Balanço intelectual. São Paulo: Saraiva, 2007.

decisão/recomendação objeto de processos decisórios – a tecnologia (ferramentas e instrumentos) digital viabiliza o ciclo de vida da decisão/recomendação – projetos (processo/produto) de mudança em ação.

O capital humano digital compreende a competência dos profissionais do negócio partícipes da solução de problemas perante eventos de natureza interna ou externa à organização com uso/apoio da rede mundial de computadores.

O capital estrutural digital compreende a competência das organizações e é explicitada nos seus contratos, normas, regulamentações internas e externas (as aplicáveis), legislação pertinente e, ainda, no conteúdo de bancos de dados cadastro, movimento, biblioteca de programas e parâmetros e regras de negócios, todos trabalhados no ambiente digital – ênfase ao sistema sustentabilidade/mudanças do negócio.

O capital relacional digital implica a competência dos profissionais e das organizações integrantes da cadeia de suprimentos (*supply chain*), respectivamente, o capital humano digital e o capital estrutural digital de terceiros e exercido na plataforma web.

O conhecimento digital é inerente ao capital humano digital associado àquele conhecimento do capital estrutural digital acrescido do conhecimento do capital relacional digital.

Este conhecimento digital é explicitado pelo conhecimento captado do ambiente da internet e torna os processos decisórios desafiantes e mais previsíveis – o capital intelectual digital em ação.

A era da inteligência conectada, ou era da colaboração, implica a sintonia total inter e intracapital humano digital, capital estrutural digital e capital relacional digital – o capital intelectual digital em ação.

Os processos decisórios necessitam – para maior alcance e sucesso da decisão – da gestão do conhecimento digital das ocorrências de eventos organizacionais internos ou externos ao negócio pré e pós-mudança – a competência profissional digital no foco.

O capital intelectual digital e em particular seu componente capital estrutural digital, acrescido das experiências organizacionais vivenciadas quando da vigência dos ciclos de vida da decisão/recomendação com uso da TIC (visão da mudança digital organizacional), formatam a cultura organizacional digital.

O capital intelectual digital e a cultura organizacional digital são o diferencial definitivo para o sucesso dos negócios no século XXI.

A era da inteligência conectada com ferramentas e instrumentos para qualidade máxima do ciclo de vida da decisão/recomendação é a atual referência para maior precisão no alcance dos efeitos das decisões/recomendações adotadas – a gestão da tecnologia da informação e comunicações (TIC) viabiliza uma nova perspectiva ao ciclo de vida da mudança.

A era da inteligência conectada ocorre com a vigência de sistemas de informação e bancos de dados do negócio lastreados com informações e conhecimentos captados ou apostados no ambiente digital durante os ciclos de vida da mudança com abrangência interna e externa aos empreendimentos.

A obtenção e o tratamento das informações no ambiente da web geram para os futuros ciclos decisórios o conhecimento digital – *business intelligence* (BI) e *competitive intelligence* (CI) em ação.

Os sistemas de sustentabilidade/mudanças dos negócios comprovam a importância da tecnologia da informação e comunicações (TIC) para o melhor exercício dos ciclos de vida das mudanças.

Exercícios de revisão

1. Discuta a ideia laser decisão/recomendação. Utilize a Figura 3.1.
2. Debata o paradoxo a impossibilidade do viajar no tempo para o passado ou para o futuro distante no ambiente da engenharia reversa dos resultados/cenários simulados – a solução sustentável em ação na visão do modelo de gestão comportamento (CCM); risco (DEQ); problema (SWOT); estratégia (BSC); tática (PMBOK – DEQ); recompensa (BIN – Marca Própria). Use as Figuras 1.8; 2.3 e 3.2.
3. Explique a expressão "o olhar da eficácia" justificando "o pensar as contingências", no ambiente do modelo de gestão CCM; DEQ; SWOT; BSC/ PMBOK (DEQ); BIN; Marca Própria. Utilize a Figura 3.3.
4. Discuta a lógica para análise da interdependência de causas e de efeitos das contingências controláveis ou não controláveis no horizonte presente/futuro. Utilize a Figura 3.4.
5. Escreva um miniartigo (100 linhas) discutindo o alcance de soluções sustentáveis com os planos alternativos de ação por meio da tecnologia e práticas da engenharia reversa de resultados/cenários simulados paralelos no ambiente das contingências controláveis ou não. Utilize o conteúdo das Figuras 3.3 e 3.5.
6. Escreva um miniartigo (100 linhas) discutindo o mapa contingencial/gestional na perspectiva do fluxo lógico para soluções sustentáveis (a visão dos planos alternativos de ação). Utilize o conteúdo das Figuras 3.6 e 3.7.
7. Explique o modelo da gestão da mudança comportamento (CCM); risco (DEQ); problema (SWOT); estratégia (BSC); tática/projeto (PMBOK – DEQ); recompensa (BIN – Marca Própria) na perspectiva dos momentos desempenho ou falhas. Utilize a Figura 3.8.
8. Escreva um miniartigo (100 linhas) discutindo a visão dinâmica do ciclo de vida da mudança – o caminho das soluções sustentáveis com planos alternativos de ação. Utilize o conteúdo da Figura 3.9.
9. Escreva um miniartigo (100 linhas) sobre a lógica para análise dos indicadores de negócio (árvore de indicadores em ação) – com base nas métricas ascendentes ou descendentes para avaliação de desempenho/falhas. Utilize o conteúdo da Figura 3.10.
10. Debata as mudanças comportamental, tecnológica, econômica e social para alcance de soluções sustentáveis, inclusive com planos alternativos de ação quando do impacto das contingências controláveis ou não controláveis. Considere a ideia de engenharia reversa de resultados/cenários simulados paralelos. Use como apoio a Figura 3.11.
11. Escreva um miniartigo (100 linhas) discutindo a gestão e auditoria da gestão de contingências controláveis ou não controláveis (a visão gestão ou auditoria da gestão da mudança). Use, para apoio, o conteúdo da Figura 3.12.

12. Escreva um miniartigo (100 linhas) discutindo a importância dos instrumentos (relatório/tela/arquivo/segmento de banco de dados) da gestão: problemas e mudanças na perspectiva do modelo para gestão da mudança comportamento (CCM); risco (DEQ); problema (SWOT); estratégia (BSC); tática (PMBOK-DEQ); recompensa (BIN – Marca Própria) – utilidade e conteúdo lógico em ação – o sistema sustentabilidade/mudanças dos negócios (conhecimento e métricas). Use o conteúdo das Figuras 3.8, 3.14 e 3.15.

13. Escreva um miniartigo (100 linhas) discutindo a importância do instrumento (relatório/tela/arquivo/segmento de banco de dados) da gestão contingências na perspectiva da lógica da contingência associada ao projeto de mudança. Use, para apoio, o conteúdo das Figuras 3.8 e 3.16.

14. Discuta o conteúdo e a importância dos instrumentos (relatórios/telas/arquivos/segmentos de bancos de dados) para a gestão ou a auditoria da gestão dos processos decisórios privados ou governamentais na perspectiva da trajetória do "problema à mudança". Use, para apoio, a Figura 3.17.

15. Escreva um miniartigo (100 linhas) discutindo a importância da gestão ou da auditoria da gestão da natureza e do conteúdo do balanço intelectual e do certificado da marca própria. Use, para apoio, o conteúdo das Figuras 3.16; 3.19; 3.20; 3.21; 3.22.

capítulo 4

Controle interno: conceitos e aplicações

Objetivos

- Apresentar os conceitos básicos de controle e controle interno, bem como os princípios que regem a gestão de negócios empresariais.
- Discutir a aplicação de controle interno no ciclo de negócios da gestão no sentido de minimizar os problemas de controle e segurança, bem como possibilitar a manutenção da eficiência operacional dos processos e a eficácia dos resultados estabelecidos pela alta administração.
- Como complemento, apresentar as normas do *Committee of Sponsoring Organizations of the Treadway Commission* (COSO) como a entidade que trouxe uma grande contribuição na consolidação do controle interno nas organizações.

Resumo

O controle só existe se houver o planejamento, ou seja, ele é possível de ser exercido desde que haja um processo precedente de planejamento. Em função desse conceito, o controle interno é aplicado com o enfoque de gestão de negócios empresariais no sentido de assegurar que determinados princípios éticos e morais sejam mantidos na organização. Consequentemente, todo o processo de tomada de decisão estaria inserido no sistema de controle interno para que possa garantir o atingimento de objetivos traçados pela alta administração.

Os princípios de controle interno são classificados em contábeis e administrativos, sendo que o primeiro possui oito itens e tem uma conotação mais voltada para controle e segurança, enquanto o segundo tem quatro itens e um enfoque voltado para o desempenho da gestão empresarial como um todo.

A aplicação do controle interno abrange os níveis operacional, gerencial e estratégico, devendo ser aderente ao ciclo de negócios da empresa, no qual se apresentam os processos de receitas, compras e gastos, produção e suprimentos e financeiros.

Em 1992, o COSO apresentou o *framework* que se tornou um modelo de controle que deve passar por um processo de adaptação às peculiaridades de cada organização para que resulte numa metodologia de avaliação do controle interno.

4.1 Controle

Controle é uma palavra proveniente do francês *controler*, que significa registrar, inspecionar e/ou examinar, ou então, do italiano *controllo*, que significa registro e/ou exame. Ela se inseriu no vocabulário técnico de negócios para indicar inspeção ou exame, que se processa nos papéis ou nas operações registradas a cada instante nos estabelecimentos industriais e comerciais. Portanto, tem o sentido de uma fiscalização organizada no próprio estabelecimento para controlar os negócios que estão realizando no cotidiano, por meio de conferências e registros a qualquer momento.

Em termos gerais, controlar tem um significado de efetuar interferências no comportamento, processo ou sistema para verificar se está de acordo com o resultado esperado. Este exame consiste em um determinado agente corretivo que atua diretamente no processo para balizar ou fazer com que se desenvolvam as atividades dentro dos padrões preestabelecidos.

Num ciclo de negócios de uma organização, o controle é decorrente do processo de planejamento. Portanto, a empresa teria de ser controlada por meio de ferramentas que assegurem a execução de processos e os direcionem dentro dos objetivos traçados pela alta administração.

Em termos administrativos, a função de controle só existe se houver a função de planejamento, pois elas são totalmente interdependentes. O ato de planejar corresponde a estabelecer padrões e o controle é nada mais que atuar nos desvios apurados entre o que está determinado como padrão em relação às medidas obtidas pela sua execução. Tais desvios podem ter uma conotação tanto negativa, nula e positiva, em que o controle deve ser exercido a todo momento. O fato de ter um desvio negativo não significa que seja ruim. Como exemplo, se a empresa havia estabelecido que a previsão de despesas era de R$ 100.000,00, porém realizou R$ 90.000,00, a diferença negativa de R$ 10.000,00 será boa desde que isso não tenha prejudicado a obtenção da receita. Por outro lado, para a receita teria uma interpretação inversa. No caso de um desvio nulo, é necessário examinar o motivo dessa coincidência, já que se está trabalhando com valores previstos.

Um exemplo da necessidade de um ajuste neste caso seria o de um vendedor ter atingido a meta desejada antes do tempo previsto e transferir as vendas posteriores para o período subsequente, visto que a empresa não oferece nenhum incentivo ou gratificação na venda além do desejado.

A função de controle tem por finalidade assegurar que as coisas sejam feitas de acordo com as expectativas ou conforme o que foi planejado, organizado e dirigido, assinalando as faltas e os erros a fim de repará-los e evitar sua repetição. Além disso, o controle não é somente uma quarta fase do planejamento, mas um item que acompanha todas as etapas do processo administrativo, ou seja, o planejamento, a organização e a direção. Com isso, para que o controle seja efetivo, deve possibilitar a correção de falhas atuais e prevenção de futuros erros.

O controle é o conjunto de métodos e ferramentas que os agentes da empresa utilizam para manter a trajetória de modo a alcançar os seus objetivos. Os executivos não podem aplicar as técnicas de controle sobre coisas passadas, porém devem utilizar os conhecimentos adquiridos com os acontecimentos para delinear novas estratégias e ações futuras dentro do ciclo de negócios da empresa.

Na atualidade, o conceito de controle assumiu tal dimensão e pode ser definido como um processo em etapas, a saber: planejar, executar, monitorar, avaliar e corrigir.

Planejar consiste em estabelecer os objetivos da empresa e identificar os processos que os completam, o que nada mais é que estabelecer padrões de desempenho.

Executar corresponde a implementar o que foi planejado ou o plano propriamente dito.

Monitorar consiste em mensurar o nível atual de desempenho, ou seja, obter medidas que possam ser comparadas com o que foi estabelecido no planejamento.

Avaliar consiste em comparar e analisar a variância apurada entre os objetivos e o desempenho estabelecidos como padrão em relação aos realizados, para fins de decidir sobre as ações corretivas a serem tomadas.

Corrigir é realizar uma ação corretiva necessária para trazer o processo e os resultados do ciclo de negócios sob controle.

A necessidade de controle é decorrente de diversos fatores adversos que surgem durante a execução do plano, tais como riscos nos negócios por conta das ameaças e vulnerabilidades identificadas no ciclo, problemas de fraqueza de procedimentos, eventos não previstos na ocasião do planejamento etc.

Por conta dos fatos acima, torna-se necessário um sistema de controle que, de acordo com os seus objetivos, permita observar permanentemente os fatos, ofereça segurança à administração, evidenciando se tudo está de acordo com os planos e diretrizes estabelecidos, possibilite a identificação de erros, falhas e ineficiências, permita pronta atuação do tomador de decisão, visando corrigir os desvios apurados, que seja uma etapa do processo de gestão e integre o processo de planejamento e execução.

O controle, sob o ponto de vista da ciência contábil, apresenta esta como uma ciência do controle econômico, cujo objetivo é fornecer informação econômica física de produtividade e social relevante para que cada usuário possa tomar suas decisões e realizar seus julgamentos com segurança. A finalidade da contabilidade é estudar e controlar o patrimônio, fornecer informações sobre sua composição e variações, bem como sobre os resultados econômicos decorrentes da gestão da riqueza patrimonial.

Com base nos postulados, princípios e convenções aplicados à contabilidade é que se permite preestabelecer normas e procedimentos, ou seja, procura-se designar políticas e diretrizes que visem ao cumprimento dos objetivos da entidade.

Em suma, o controle faz-se presente em toda a extensão dos estudos administrativos e contábeis, cada qual exercendo a sua função de proteger o patrimônio, proporcionar a eficiência operacional e a eficácia nos resultados desejados pelos *stakeholders*, ou agentes envolvidos no ciclo de negócios das organizações.

4.2 Conceitos básicos

Qualquer que seja o modelo do ciclo de negócios de uma determinada organização, ele é suportado por diversos módulos de sistemas de informação. Na atualidade, muitas das empresas contam com o apoio de um sistema integrado de gestão empresarial. Tais sistemas estão sujeitos a falhas, erros e má utilização de recursos em geral. Tanto a tecnologia da informação quanto a mente humana são instrumentos que podem realizar grandes empreendimentos, porém não são infalíveis.

Por causa da existência desse risco, administradores e proprietários de pequenas e grandes empresas devem ter um interesse comum pela manutenção da integridade dos sistemas, das informações e das pessoas envolvidas no ambiente de tecnologia de informação.

O sistema de informação é um grande e valioso recurso para a organização. Para que ele seja utilizado da melhor forma possível e esteja protegido contra eventuais atos de violação e incidentes, é necessário que os controles sejam considerados desde a fase da sua concepção.

Todos os controles são ferramentas que podem estar integradas ou não a um determinado sistema de informação aplicativo, visando à obtenção de segurança contra as ameaças em potenciais presentes no ambiente de informática.

A garantia de funcionamento desses controles, bem como da revisão e avaliação do controle interno, por sua vez, é o resultado de um bom trabalho de supervisão, inspeção e auditoria nesses sistemas dentro do ciclo de negócios em que a empresa atua.

Em 1949, o Instituto Americano dos Contadores Públicos Certificados (*American Institute of Certified Public Accountants* – AICPA), por meio do Relatório Especial da Comissão de Procedimentos de Auditoria, definiu o controle interno como o "plano de organização e todos os métodos e medidas coordenados aplicados em uma empresa a fim de proteger seus bens, conferir a exatidão e a fidelidade de seus dados contábeis, promover a eficiência e estimular a obediência às diretrizes administrativas estabelecidas pela gestão".

Essa definição identifica a principal estrutura do ciclo gerencial em termos de planejamento, execução e controle, relacionando uma diversidade de meios à disposição da alta administração para a devida aplicação das funções gerenciais dentro da organização.

Analisando a extensão dessa definição, notamos a existência dos seguintes itens, aos quais os controles devem atender:

- Proteção dos bens;
- Conferência da exatidão e da fidelidade dos dados contábeis;
- Promoção da eficiência operacional;
- Estímulo à obediência às diretrizes administrativas estabelecidas.

Em 1992, o COSO apresentou um relatório definindo o controle interno como um processo efetuado pela diretoria, administradores e demais colaboradores de uma instituição, que visa prover razoável segurança no sentido de que seus objetivos sejam alcançados nas seguintes categorias: eficácia e eficiência das operações, confiabilidade dos relatórios financeiros e conformidade com leis e regulamentos aplicáveis.

A eficácia e a eficiência operacional pretendem atingir os objetivos de negócios básicos da empresa, incluindo desempenho e metas estratégicas e a proteção de recursos.

A confiabilidade dos relatórios financeiros corresponde à preparação adequada de relatórios financeiros e outras informações financeiras de tal forma que sejam confiáveis.

A conformidade com leis e regulamentos aplicáveis consiste no cumprimento de leis e regulamentos aos quais a empresa está sujeita, visando evitar prejuízos e consequências negativas a sua imagem e reputação.

Esse conceito trouxe uma visão mais abrangente do controle interno, apresentando os principais atributos requeridos dentro desse modelo, a saber:

- Aplicar no estabelecimento das estratégias da organização;
- Aplicar em todas as unidades e esferas organizacionais;

- Identificar eventos que possam afetar a entidade e gerenciar os riscos dentro dos níveis suportados pela empresa;
- Abranger todas as atividades desenvolvidas pela empresa;
- Ser eficiente para detectar as oportunidades, bem como emitir sinais de alerta para que os gestores possam tomar ações corretivas ou preventivas;
- Avaliar a eficácia e a qualidade do controle interno de forma isenta e independente.

Tais conceitos possibilitam a determinação de diversas premissas de controle interno, permitindo o estabelecimento de objetivos de controle necessários para o desenvolvimento do modelo conceitual de gestão empresarial tanto em nível contábil quanto administrativo.

4.3 Princípios de controle interno

Os princípios de controle interno consistem em premissas e/ou parâmetros intrínsecos aos sistemas de aplicação para suportar o modelo de gestão do ciclo do negócio de uma determinada entidade. Inicialmente, eles podem ser expostos e classificados em duas áreas, ou seja, controles internos contábeis e administrativos.

Em termos de controle interno contábil, apresenta-se uma grande diversidade de parâmetros voltados para registro, exame e confronto para a proteção do patrimônio da entidade, enquanto no caso administrativo é dada maior ênfase na busca de oportunidades e identificação de melhores práticas de gerenciamento e adoção de um modelo de gestão adequado ao ambiente de mercado em que a organização atua.

Ambos os casos levam em consideração os aspectos de riscos envolvidos no ambiente de negócios da organização, tanto em nível de segurança quanto ao seu respectivo ciclo de negócios.

O Quadro 4.1 apresenta a classificação e a divisão de controle interno com seus respectivos princípios.

Quadro 4.1 – Princípios de controle interno

CONTROLE INTERNO	
CONTÁBIL	ADMINISTRATIVO
Integridade	Disponibilidade
Confidencialidade	Eficácia
Fidelidade da informação em relação aos dados	Eficiência
Segurança ambiental	Obediência às diretrizes administrativas
Segurança física	
Segurança lógica	
Conformidade	
Irrevogabilidade	

Em face de uma grande diversidade de cenários e oportunidades existentes no mundo de negócios, além dos parâmetros citados no Quadro 1, ainda poderão surgir muitos outros a serem identificados e levados em consideração na ocasião da avaliação dos sistemas de controle interno.

4.3.1 Controle interno contábil

O controle interno contábil consiste em exercer a proteção de bens, conferir a exatidão e a fidelidade de dados contábeis de uma determinada entidade. Essa área de controle interno leva em consideração os postulados, princípios e convenções da contabilidade, tendo uma conotação voltada aos controles contábeis.

Na sequência, apresentam-se os princípios anteriormente enumerados dentro da área em questão de forma analítica ao ciclo de negócios da organização.

4.3.1.1 Integridade

A integridade consiste na manutenção da informação na mesma condição em que ela foi disponibilizada pelo proprietário, com a finalidade de protegê-la de alterações indevidas, intencionais ou acidentais.

Este é um dos princípios que fazem parte dos conceitos básicos da segurança da informação apresentado na norma ABNT NBR ISO/IEC 27002:2005 – tecnologia da informação – técnicas de segurança – código de prática para a gestão da segurança da informação.

4.3.1.2 Confidencialidade

A confidencialidade consiste em uma forma de proteger a informação segundo o grau de sigilo atribuído a seu conteúdo, a fim de limitar o seu acesso e uso às pessoas autorizadas.

Da mesma forma, este princípio também faz parte dos conceitos básicos da segurança da informação da norma ABNT NBR ISO/IEC 27002:2005.

Este princípio procura estabelecer os critérios de manutenção do sigilo das informações perante as pessoas não autorizadas, para que elas não as possam utilizar de forma indevida e ilícita a fim de tirar proveito das entidades para causar danos e/ou prejuízos não desejados.

4.3.1.3 Fidelidade da informação em relação aos dados

A fidelidade da informação em relação aos dados refere-se à garantia de que a informação é proveniente dos dados fidedignos originados de fontes confiáveis.

Portanto, este princípio contempla a necessidade de a informação ser passível de ser confrontada e rastreada desde a sua origem, que pode estar registrada em algum documento, relatório ou outros meios de comprovação dos dados.

4.3.1.4 Segurança ambiental

A segurança ambiental, como primeiro princípio da área de segurança, tem o foco voltado para a sustentabilidade do meio ambiente, ou seja, busca um equilíbrio entre a ecologia e o meio socioeconômico de forma sustentável. Essa abordagem tem por objetivo minimizar os prejuízos que poderiam acarretar o não cumprimento das regras iminentes ao ciclo de negócios.

Este princípio envolve desde o processo da extração de matéria-prima, transformação em bens, consumo e descarte, no sentido de transformar esses bens utilizados em outras formas que não prejudiquem o meio ambiente como um todo.

Tendo em vista que não existe uma segurança absoluta em qualquer natureza de negócios, o que se verifica é o nível de risco que possa ser assumido para manter-se sustentável em todo o ciclo, exigindo um procedimento de controle efetivo em todo o meio ambiente.

4.3.1.5 Segurança física

A segurança física consiste em manter os bens tanto tangíveis quanto intangíveis sob proteção por meio da aplicação de algumas ferramentas e procedimentos de controle, cujo intuito é minimizar os prejuízos que porventura possam provocar a perda desses bens.

Este princípio deve permitir a adoção de mecanismos de controle que possibilitem o monitoramento das ameaças em potencial que possam explorar as vulnerabilidades do meio físico em que estão inseridos os bens.

4.3.1.6 Segurança lógica

A segurança lógica corresponde aos processos de controle para manutenção da execução adequada dos procedimentos operacionais do ciclo de negócios de uma determinada entidade.

Este princípio atua diretamente no monitoramento dos processos institucionalizados para agir a qualquer momento e nos desvios que possam ocorrer no desenvolvimento de alguma fase ou etapa das atividades de negócios da empresa.

Portanto, o modelo de gestão adotado pela organização requer a existência de alguma trilha de auditoria que permita rastrear as operações, no sentido de detectar, agir e corrigir os desvios que porventura possam ocorrer no respectivo ciclo de negócios.

4.3.1.7 Conformidade

A conformidade consiste na obediência à legislação em vigor, ou seja, o cumprimento das normas e regulamentos legais no desenvolvimento do ciclo de negócios da empresa, não só em termos regionais e nacionais, mas, principalmente, levando em consideração as leis internacionais em vigor.

Atualmente, dentro do mundo globalizado, onde a internet permite a realização de negócios a distância, com qualquer país do mundo, a empresa deve manter-se em dia com a obediência às legislações locais, bem como às dos países envolvidos no comércio exterior.

Portanto, este princípio cria a necessidade de as entidades globais desenvolverem os seus negócios levando em consideração os aspectos jurídicos de âmbito socioeconômico, tributário, ambiental e cultural das sociedades envolvidas nas transações mercantis.

4.3.1.8 Irrevogabilidade

A irrevogabilidade consiste em garantir que as transações e informações não possam ser negadas, ou seja, repudiadas por qualquer um dos participantes de uma comunicação legítima.

Este princípio rege a autenticidade das transações e informações provenientes dos agentes envolvidos, assegurando a confiabilidade de uma comunicação segura.

4.3.2 Controle interno administrativo

O controle interno administrativo corresponde à promoção da eficiência operacional e ao estímulo à obediência das diretrizes administrativas estabelecidas pela gestão da entidade. Esta área de controle interno apresenta diversas premissas de adoção das melhores práticas de gestão de negócios empresariais recomendadas pelos grandes pensadores da administração como Peter Drucker, Michael Porter, Philip Kotler, Jim Collins, Gary Hamel etc.

Na busca de algum diferencial para que as empresas se mantenham competitivas, são apresentados na sequência os quatro princípios que regem o controle interno em nível administrativo e gerencial em relação ao ciclo de negócios da organização.

4.3.2.1 Disponibilidade

O princípio da disponibilidade tem uma conotação voltada para os aspectos de conseguir informações em momentos oportunos para a realização de negócios importantes que levem a empresa a prosperar e a manter-se competitiva.

Essa premissa é muito debatida pelos ilustres pensadores da administração e muito explorada na busca de oportunidades, em face das ameaças de risco em potencial existente no mundo dos negócios. Qualquer que seja o negócio que se pretenda viabilizar, sempre existe um grau de risco, que pode ser de menor ou de maior intensidade, e a entidade deve buscar informações que minimizem ou permitam que os gestores possam assumir o risco iminente. No meio de grandes crises, sempre se pode identificar as oportunidades que as empresas aproveitam para a sua prosperidade.

4.3.2.2 Eficácia

A eficácia consiste em obter os resultados desejados com os projetos desenvolvidos e implantados, ou seja, implica atingir os objetivos estabelecidos pela gestão da empresa.

Este princípio apresenta um enfoque de efetividade dos empreendimentos, ou então de conseguir a realização de mudanças que, normalmente, são proporcionadas por esses projetos.

Portanto, uma empresa eficaz é aquela que busca os resultados para atingir os seus objetivos desejados, independentemente do meio, recurso ou processo utilizado para esse fim.

4.3.2.3 Eficiência

A eficiência corresponde à melhor forma de desenvolver os processos estabelecidos no ciclo de negócios da organização, independentemente do resultado esperado. Durante a operação de uma determinada função do negócio, existe uma grande preocupação em obter medidas para avaliar o seu desempenho e observar a forma ótima de utilizar os seus recursos.

Este princípio está diretamente relacionado com o meio e/ou processo do ciclo de negócios, no sentido de melhorar o desenvolvimento das atividades meio e fim, sem a preocupação de que os seus resultados se redundem nos objetivos traçados no planejamento da empresa.

A melhoria da relação entre o resultado obtido e o processo adotado traduz-se em uma das medidas de indicadores de produtividade da gestão adotada pela organização.

4.3.2.4 Obediência às diretrizes administrativas

O anseio da alta administração é fazer com que as atividades gerenciais e operacionais do ciclo de negócios estejam de acordo com as diretrizes administrativas estabelecidas. Toda e qualquer empresa sempre estabelece as normas e procedimentos das suas atividades, tanto formais quanto informais, com a finalidade de uniformizar e manter-se consistente em relação ao plano e ao modelo de gestão estabelecidos.

Este princípio determina a obediência que os colaboradores e agentes envolvidos devem perseguir no modelo de gestão adotado pela alta direção da entidade.

4.4 Métodos, técnicas e ferramentas de controle interno

O controle interno, para todos os efeitos, tem a função de assegurar que as operações do ciclo de negócios estabelecidas pela organização sejam executadas de forma adequada, no sentido de estar sempre em conformidade com os processos predefinidos.

A contabilidade é um dos instrumentos em que todas as transações são registradas pelo valor correto em contas adequadas no período certo, de forma que o tratamento desses dados seja feito dentro de critérios uniformes e estáveis, o que permite a efetividade de controles dos ativos entre o físico e o lógico.

Fazem parte da aplicação de procedimentos contábeis a realização de apuração de diversos índices econômico-financeiros, análises comparativas e de cruzamento de suas informações, identificação e conferência das operações inerentes ao ciclo de negócios da empresa, em que porventura possam ser detectadas irregularidades. Com isso, permite a minimização da ocorrência de fraudes, bem como, no caso da sua existência, possibilita a apuração das suas causas. Portanto, a contabilidade é um instrumento muito eficaz para atender aos requisitos básicos de controle interno.

Além desse instrumento de controle, devem-se empregar outros métodos e técnicas de controle no sentido de salvaguardar os ativos da organização. A adoção de medidas saneadoras, como determinação e delimitação de responsabilidades, segregação de funções e de operações que fazem parte do ciclo de gestão de negócios, rotação entre os empregados, concessão obrigatória de férias para funcionários que ocupam cargos importantes, normatização e formalização de processos vitais, faz parte da composição do sistema de controle interno.

As ferramentas utilizadas com maior frequência no controle interno têm sido o emprego de recursos tecnológicos para fins de automação de processos com pouca interferência humana, a elaboração de manuais de instruções para formalização de rotinas, de forma a garantir a uniformidade e o padrão de procedimentos, a adoção de normas internacionais e nacionais de utilização de melhores práticas de controle e de segurança de ativos, bem como a aplicação da melhoria contínua da qualidade de desenvolvimento do ciclo de negócios da empresa.

A aplicação desses elementos de controle interno deve variar segundo a natureza do ciclo do negócio, estrutura e tamanho da empresa, diversidade e complexidade das operações, métodos de tratamento das informações, tecnologia empregada, requisitos legais e regulamentos.

A forma de seleção e adoção de determinado modelo de sistema de controles depende muitas vezes do resultado político e socioeconômico considerado na análise da relação custo e eficácia. Deve-se observar os aspectos de limitação de recursos tecnológicos e da não existência de controle e segurança absoluta, em que se exige uma permanente aplicação de análise de risco, já que fatalmente a administração da empresa terá de supervisionar o respectivo risco assumido.

4.5 Aplicações de controle interno na gestão empresarial

A aplicação do controle interno advém da contabilidade pela necessidade de assegurar que os registros contábeis reflitam a realidade das informações de uma organização. Em face dos escândalos financeiros nas grandes corporações como Enron, WordCom, Xerox e demais, surgiram leis e normas que exigem a aplicação do controle interno. Esse fato causou um grande impacto financeiro e crise de confiança nas empresas americanas. Com isso, o emprego do controle interno veio garantir ao investidor que as demonstrações contábeis reflitam uma posição real da situação econômico-financeira da empresa, buscando minimizar os riscos sobre seus investimentos.

Enquanto isso, no Brasil, a divulgação dos escândalos decorreu da quebra de instituições financeiras como os bancos Nacional, Econômico, Noroeste e outros ameaçados de insolvência. Quanto ao cenário público, houve muitas situações de fraudes, com diversas denúncias pela Polícia Federal. Foram milhões de reais, determinados pelo orçamento, que deixaram de ser aplicados em políticas públicas para acabar nas mãos de pessoas corruptas.

Com o monitoramento e o controle das operações, foi possível detectar incorreções e desperdícios, sejam por erros de procedimento ou por necessidade de adaptação a uma nova realidade, desvios ou fraudes, sendo estas constatações objeto de ação corretiva de combate a irregularidades. Portanto, o controle interno acabou se tornando um recurso que visa proteger e resguardar o patrimônio das entidades, trazendo mais confiabilidade para os seus administradores e investidores.

O emprego do controle interno em qualquer tipo de entidade pode trazer muitos benefícios para outros interessados, tais como os auditores, que utilizam o conceito de que quanto melhor o controle, mais segurança para o trabalho e quanto menor o controle, mais cuidado é exigido na execução das tarefas, ou seja, a existência de controles efetivos contribui para melhores resultados na organização.

Com relação ao processo de gerenciamento de riscos empresariais, o controle interno contribui para uma melhor identificação de riscos decorrentes de falhas ou erros nas operações, sejam estes intencionais ou não, provenientes da estruturação inadequada de processos, organização ou estratégia, ou podendo até ser propositais, resultantes de atitudes fraudulentas que vão de encontro aos interesses da empresa. A partir dessas deficiências identificadas, permite à empresa se planejar melhor para minimizar a ocorrência de incidentes indesejados ao negócio.

A adoção de um sistema de controle interno depende de inúmeros fatores internos ou externos à organização, devendo ser levadas em consideração as peculiaridades e as diferenças de cada entidade. Portanto, dificilmente o controle interno de uma empresa será o mesmo de outra, e a forma de justificar o seu desenvolvimento e implantação pode ser feita por meio da análise de custo e eficácia.

Por sua vez, esta fornece informações ao tomador de decisão, com dados de custos de controle interno, para permitir que diversos objetivos e metas da gestão sejam atingidos em face dos riscos existentes em maior ou menor escala no seu ciclo de negócios. Como resultado, este critério de análise fornece o meio pelo qual são medidos os custos contra os níveis de eficácia desejados pela alta administração.

Para a aplicação do controle interno, a empresa deve partir do entendimento de como esse ambiente funciona, como as pessoas atuam e como as informações sobre as operações são geradas, coletadas, armazenadas, mantidas, controladas, protegidas, acessadas e disponibilizadas a quem necessita e, ao final, como são descartadas. Durante esse processo de reconhecimento das operações, são possíveis análises de implantação de diversas melhorias nos procedimentos praticados, a fim de ampliar a eficiência dessas operações e a eficácia nos seus resultados, no sentido de gerar produtos e serviços com melhor qualidade e maior aproveitamento dos recursos da empresa.

Existem ocasiões em que o custo de controle e segurança pode ser maior do que a perda que sua ausência pode causar. Nesse caso, a administração pode abandonar os procedimentos adicionais de controle e de segurança, assumindo e aceitando o risco da perda no negócio.

Mesmo que o sistema de controle interno seja eficiente, ainda há limitações em sua efetividade. Boyton et al. (2002) apresenta cinco elementos, a saber:

- Erros de julgamento por informações inadequadas ou restrição de tempo. A administração pode tomar decisões equivocadas;
- Falhas e/ou erros de controle por desconhecimento, falta de cuidado, imprudência, distração ou cansaço;
- Conluio: os funcionários, em conjunto, podem perpetrar e esconder fraudes;
- "Atropelamento" pela administração, que pode passar por cima de procedimentos ou políticas, em interesse próprio;
- Custos *versus* benefícios: o custo de controle interno não deve exceder aos benefícios que dele se espera.

Portanto, em virtude das diversas limitações acima citadas, além da grande dependência de pessoas que podem executar tarefas e procedimentos inadequados, não existem controle e segurança absolutos dentro do mundo de negócios realizados pelas empresas.

Um controle interno adequado é aquele estruturado pela administração de modo a propiciar uma razoável margem de garantia de que os objetivos e as metas possam ser alcançados de forma eficaz e os recursos sejam utilizados de forma eficiente e econômica.

4.6 Controle interno no ciclo de negócios da empresa

Toda empresa desenvolve os seus negócios de acordo com os seus objetivos e ramo de atividade, apresentando suas próprias características de atuação. Essa forma de realizar os seus negócios estabelece um ciclo, constituído em um conjunto de atividades funcionais que permitem aproveitar a oportunidade de atender às necessidades da demanda do mercado.

Em termos gerais, uma empresa industrial tem um ciclo de negócio correspondente a compra de matéria-prima, produção e venda de produtos acabados. Da mesma forma, uma empresa comercial compra, estoca e vende mercadorias ao mercado. Quanto a uma empresa prestadora de serviços, por causa da grande diversidade no desenvolvimento dos seus negócios, esta tem o seu ciclo adaptado às exigências peculiares do mercado.

Em qualquer ambiente de negócios, todo e qualquer processo operacional estabelecido já garante certo nível de segurança e integridade requerido no controle interno. A implantação de processos de controle pode melhorar o seu grau de segurança e integridade, porém não é possível atingir a sua plenitude a ponto de conquistar grau de risco zero. Portanto, sempre haverá a necessidade de efetuar as revisões e as avaliações periódicas de controle interno, para que se possa manter o mínimo necessário de segurança e efetividade de controles no desenvolvimento da gestão de negócios empresariais.

Para melhor ilustrar o controle interno na gestão de negócios empresariais, apresentamos, na sequência, os principais ciclos de processos transacionais comumente observados no ramo de atividade industrial, ou seja, ciclos de processos:

1. de receitas;
2. de compras e gastos;
3. de produção e suprimentos; e
4. financeiro.

4.6.1 Ciclo de processos de receitas

O ciclo de processos de receitas se inicia com o pedido de bens e/ou serviços por parte de clientes e se encerra com o recebimento de numerários correspondentes a estas vendas. Dependendo da natureza dos bens e/ou serviços comercializados pela empresa, pode haver necessidade de estender o processo, no sentido de prestar serviços de pós-venda, como assistência técnica, descarte, transformação em outros insumos ou bens etc.

De acordo com as políticas de negócios da empresa, as vendas podem ser efetuadas à vista e/ou a prazo, porém, dentro desse ciclo, o objetivo final é o recebimento do pagamento feito pelos clientes. Com isso, torna-se necessário que haja um controle eficiente e pontual de recebimento de caixa por meio de procedimentos adequados de cobrança direta ou indireta via banco.

Em apoio a esse objetivo, o ciclo exige um planejamento adequado de previsão da demanda, divulgação e promoção de bens e/ou serviços, estratégia de distribuição e atendimento aos clientes, estabelecimento de metas e políticas de negócios de atuação da empresa perante o mercado em que ela está inserida.

A Figura 4.1 apresenta o fluxograma do ciclo de processo das receitas, cujos objetivos são atender aos pedidos dos clientes, emitir notas fiscais e faturas dos bens e/ou serviços e expedi-los, receber os pagamentos desses bens e/ou serviços vendidos aos clientes, além de fazer previsões de vendas e de entradas de caixa.

Figura 4.1 – Fluxograma do ciclo de processo das receitas

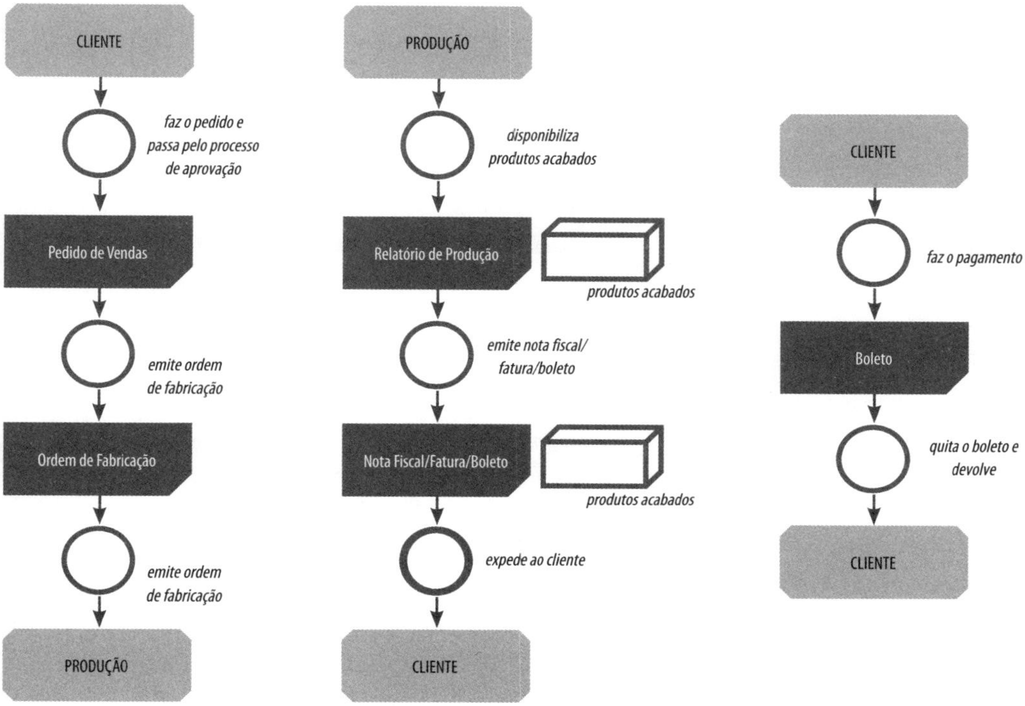

Como exemplo, partindo da premissa de uma indústria que trabalha sob encomenda, observa-se que na fase inicial o cliente faz o pedido de produtos, que passa pelo processo de aprovação perante os setores competentes, como crédito e cobrança, estoques e produção, cabendo ao setor de vendas registrar o respectivo pedido. Esse conjunto de pedidos de vendas aprovados forma o cadastro de carteiras de clientes, o que permite extrair informações sobre vendas futuras. Se processarem o histórico da carteira de clientes utilizando ferramentas estatísticas, podem projetar futuras vendas de produtos comercializados pela empresa. Essas informações servem de base para confrontar com os dados reais e efetuar o devido controle de desvios apurados periodicamente.

De acordo com as políticas de negócios estabelecidas pela alta administração, o referido cadastro poderá servir de base para o planejamento, programação e controle de produção. Dentro do critério de priorização para atendimento de pedidos, emite-se a ordem de fabricação para iniciar a execução do processo de produção.

As variáveis consideradas para o acompanhamento e controle da manufatura por parte da gestão do processo de receita são: etapas de produção cumpridas e/ou a serem cumpridas da ordem de fabricação relacionada com o pedido do cliente em andamento, quantidade já produzida e/ou a ser produzida, prazo de execução e de entrega de produtos acabados para expedição. Neste caso, se houver atrasos, a área de vendas deverá informar ao cliente.

Uma vez concluída a manufatura dos produtos, cabe ao setor de expedição providenciar a emissão da nota fiscal de venda e a respectiva fatura com boleto bancário para envio juntamente com os produtos acabados.

Encerrada a etapa de entrega dos produtos ao cliente, este poderá realizar o pagamento dentro ou fora do prazo de vencimento da fatura. A operação de recebimento do pagamento do cliente e a respectiva baixa do boleto cabem ao setor de crédito e cobrança. Inclusive, estas informações servirão de base e apoio para aprovação ou não do pedido efetuado pelo cliente em questão.

Dentro desse ciclo, é necessária a aplicação do método de segregação de funções, no qual a coleta, a aprovação e o atendimento do pedido do cliente, bem como a entrega da mercadoria e o respectivo recebimento de numerários, são efetuados por setores distintos.

A manutenção da conformidade dessas operações do ciclo de processo de receita em conjunto com as rotinas e informações de controle formam o modelo do sistema de controle interno, que requer revisões periódicas em face da dinâmica do desenvolvimento dos negócios da empresa em relação ao mercado em que ela está inserida. Uma das principais áreas que tem a responsabilidade de acompanhar e exercer a função de controle é a controladoria.

4.6.2 Ciclo de processos de compras e gastos

O ciclo de processos de compras e gastos se inicia com o pedido de bens e/ou serviços por parte da empresa e se encerra com o pagamento de numerários relativos às compras efetuadas. Dependendo da natureza dos bens e/ou serviços adquiridos pela empresa, pode haver necessidade de estender o processo de obtenção dos serviços de instalação, assistência técnica e/ou manutenção decorrente da garantia de qualidade etc.

As compras podem ser realizadas com diversas condições de entrega e pagamento estabelecidas pela própria empresa e/ou pelo fornecedor. Enquanto isso, cabe à empresa, por meio da recepção, acompanhar o recebimento e a conferência dos bens adquiridos, bem como a execução dos serviços contratados, para finalmente autorizar o seu pagamento. Todo esse processo requer o controle por meio de registros em pedido de compras, contratos de compra, recebimento de compras e autorização de pagamento para que o setor de contas a pagar possa efetuar o pagamento ao fornecedor dentro das condições estabelecidas no início do processo.

O planejamento da função de compras e gastos torna-se necessário no momento em que se deseja obter maior eficiência no sistema de controle, em que tais informações podem se basear nas previsões e metas de vendas estabelecidas no ciclo de gestão do processo de receitas. Tendo as informações referentes à necessidade de matérias-primas e insumos e à capacidade produtiva de atender à demanda do mercado, além da previsão de gastos gerais, o setor pode buscar uma forma de racionalizar e aperfeiçoar o processo de compras, no sentido de programar adequadamente os prazos de entrega e condições de pagamento perante os fornecedores.

A Figura 4.2 apresenta o fluxograma do ciclo de processo de compras e gastos, cujos objetivos são adquirir matérias-primas e insumos por meio de pedidos perante os fornecedores, recebê-las sob o exame do controle de qualidade dos insumos para abastecer a produção e pagar ao fornecedor de acordo com as condições estabelecidas no início da negociação, além de fazer previsões conforme as necessidades programadas perante as metas estabelecidas pelas áreas de vendas e de produção.

Figura 4.2 – Fluxograma do ciclo de processo de compras e gastos

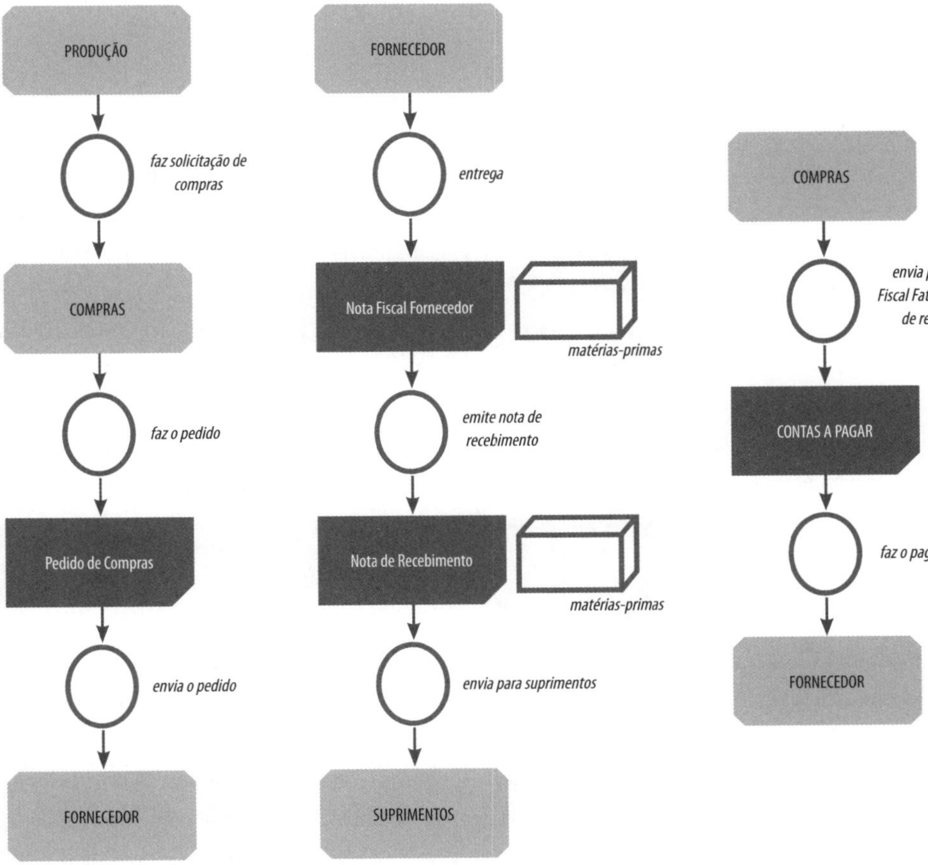

Como exemplo, da mesma forma, partindo da premissa de uma indústria que trabalha sob encomenda, observa-se que na fase inicial a área de produção faz a solicitação de compra de matérias-primas ao setor de compras. Este desenvolve todo o procedimento de tomada de preços, faz o pedido de compras e envia ao fornecedor selecionado.

As informações constantes no pedido de compras servirão de base para controle de recebimento de matérias-primas para o setor de recepção, bem como acompanhamento por parte de vendas e produção. Além disso, ao processarem o histórico dos pedidos de compras realizados durante um determinado período, utilizando ferramentas estatísticas, podem projetar as futuras necessidades de insumos para produção e materiais de consumo pela empresa. Essas informações serviriam de base para confrontar com os dados reais e efetuar o devido controle de desvios, buscando um melhor desempenho e a racionalização de compras.

As matérias-primas recebidas com as respectivas notas fiscais do fornecedor devem ser conferidas inclusive com os pedidos de compras correspondentes e submetidas à aprovação do controle de qualidade. Uma vez cumprida essa etapa, a recepção deverá emitir as notas de recebimento para envio ao setor de estoques de suprimentos.

Cabe a cada setor responsável pela execução das atividades operacionais e de controle, tais como compras, recepção e estoque de suprimentos, enviar seus registros não só para a contabilidade como também à tesouraria, especificamente ao setor de contas a pagar, para providenciar o pagamento das compras realizadas perante os fornecedores.

Com todas essas informações devidamente conferidas pela tesouraria, o setor de contas a pagar deve efetuar o devido pagamento dentro da data de vencimento e em seguida relatar à contabilidade.

Dentro desse processo, deve ser aplicado o método de segregação de funções, em que o pedido, a aprovação, a recepção de matérias-primas e o respectivo pagamento das compras realizadas são efetuados pelos setores distintos.

Por causa da grande vulnerabilidade inerente à função de compras, a empresa deve ter como um dos procedimentos de política de controle interno efetuar rodízios periódicos dos compradores para evitar vícios indesejados de negociação com os fornecedores.

No final de todo esse processo, cabe à contabilidade ou à controladoria exercer o papel de checar as informações provenientes de todos esses setores, bem como realizar a análise comparativa entre o previsto e o real para controlar o ciclo de negócios da gestão do processo de compras e gastos.

4.6.3 Ciclo de processos de produção e suprimentos

O ciclo de gestão com processo de produção e suprimentos se inicia com a requisição de matérias-primas e se encerra com a transferência dos produtos acabados para a expedição. Dependendo da natureza dos produtos manufaturados pela empresa, pode haver necessidade de realizar diversas atividades de apoio à produção, tais como estabelecer programação em função das ordens de fabricação, atividades de produção das máquinas e equipamentos, bem como de mão de obra, assegurar a garantia da qualidade, programar a manutenção das máquinas e equipamentos para deixá-los em plenas condições de funcionamento etc.

A função do ciclo de processo de produção e de suprimentos é transformar as matérias-primas em produtos acabados da maneira mais eficiente possível, bem como atender aos pedidos de clientes conforme os prazos preestabelecidos pelo setor de vendas em conjunto com os respectivos clientes. Além disso, cabe à produção controlar e coordenar o processo de produção, monitorar e controlar os custos de fabricação e controlar estoques.

O planejamento da função de produção e suprimentos é realizado em função do estabelecimento das metas de vendas, bem como pela política de investimentos definidos pela alta administração.

Com base nessas informações torna-se possível fazer previsões de necessidades de recursos da fábrica em termos de máquinas, equipamentos, mão de obra e suprimentos em geral, permitindo o fornecimento de informações para fins de elaboração do orçamento.

A Figura 4.3 apresenta o fluxograma do ciclo de processo de produção e de suprimentos, cujo principal objetivo é manufaturar os produtos acabados de acordo com as solicitações constantes nas ordens de fabricação e controlar os estoques tanto de matérias-primas quanto de produtos em processo de fabricação.

Figura 4.3 – Fluxograma do ciclo de processo de produção e de suprimentos

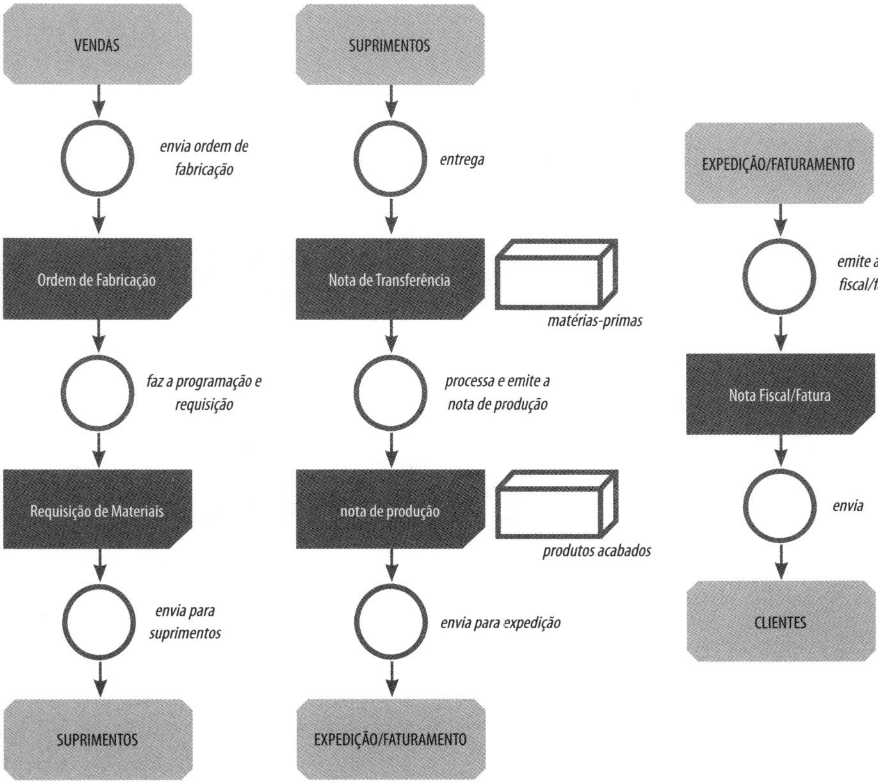

Seguindo o exemplo de uma indústria que trabalha sob encomenda, o setor de vendas emite e envia a ordem de fabricação à produção, que faz a sua programação e a requisição de matérias-primas e insumos perante o setor de suprimentos. Uma vez recebidos os materiais por meio da nota de transferência, passa a transformá-los em produtos acabados. A partir daí, emite-se a nota de produção para a expedição. O setor emite a nota fiscal/fatura e a expede juntamente com o produto ao respectivo cliente. Este procedimento é relatado aos setores de vendas e contas a receber, que tem a responsabilidade de receber o pagamento.

Cada setor responsável executa as suas atividades de planejamento, programação e controle de produção, controla os suprimentos, máquinas e equipamentos, bem como a mão de obra para a fabricação de produtos. Uma vez concluída a manufatura, ela é enviada ao cliente. Todos esses processos são registrados para serem enviados não só para a contabilidade como também para o setor que deve apurar e controlar os custos de fabricação.

Dentro desse ciclo de processos, deve ser aplicado o método de segregação de funções, em que a aprovação e a execução da ordem de produção, o controle de estoque de suprimentos e a expedição de produtos acabados ao cliente são efetuados pelos setores distintos.

Por causa da grande variedade de métodos e técnicas de desenvolvimento do sistema de produção, a empresa deve ter como um dos procedimentos de política de controle interno efetuar inventários periódicos de materiais de suprimentos, bem como dos produtos em elaboração constantes no chão da fábrica.

Ao final de todo esse processo, cabe à controladoria e especificamente à área de custos exercer o papel de checar as informações provenientes de todos esses setores, bem como realizar a análise comparativa do sistema de custos entre o previsto e o real para fins de controlar o ciclo de negócios da gestão do processo de produção e de suprimentos.

4.6.4 Ciclo de processos financeiros

O ciclo de processos financeiros consiste em administrar os recursos financeiros como caixa, bancos, investimentos e todo o ativo líquido da organização. Tais ativos líquidos são considerados o capital de giro da empresa, que deverá obtê-lo e utilizá-lo de forma eficaz, a ponto de minimizar o custo do capital e conseguir o máximo de retorno sobre o investimento.

O processo financeiro tem interfaces com os ciclos de processos de receitas, de compras e demais áreas funcionais de apoio à gestão de negócios. Grande parte das entradas de numerários é proveniente das receitas de vendas que são utilizadas para pagar as contas perante os fornecedores, despesas, salários e ativos imobilizados.

Em alguns casos, quando da falta de caixa para efetuar os pagamentos, haverá a necessidade de contrair empréstimos perante as instituições financeiras. Por outro lado, se houver sobra de caixa, cabe ao setor deixar aplicado em algum fundo ou título de renda fixa de rápida conversão em dinheiro.

Para uma boa administração e efetiva aplicação do controle interno, faz parte da função financeira a previsão de fluxo de caixa, a definição das políticas de recebimento de caixa o mais rápido possível e o cuidado no pagamento de contas e despesas

A Figura 4.4 apresenta o fluxograma do ciclo de processos financeiros, cujo principal objetivo é controlar os recebimentos e pagamentos de contas, ou seja, administrar o caixa de forma eficaz.

Figura 4.4 – Fluxograma do ciclo de processos financeiros

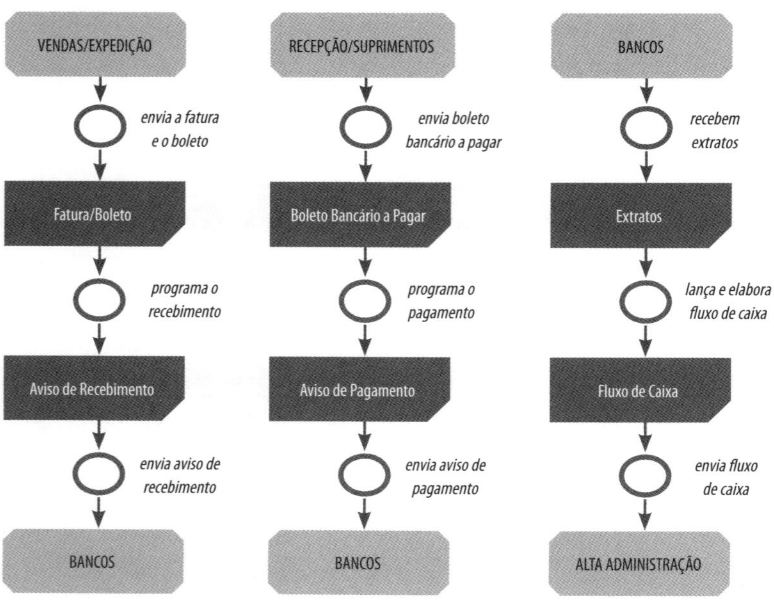

No caso do exemplo de uma indústria que trabalha sob encomenda, cabe à tesouraria receber dos setores de vendas e expedição informações referentes aos produtos faturados e enviados aos respectivos clientes. Com base nesses registros, permite-se programar o recebimento de pagamentos por parte dos clientes via bancos. Por outro lado, a tesouraria deve receber do setor de recepção/suprimentos todas as notas fiscais de fornecedores e faturas com boletos bancários das compras de matérias-primas e insumos recebidos e devidamente aprovados pelo responsável pela recepção. Estes registros permitem programar os pagamentos a serem realizados no vencimento da fatura.

Esse conjunto de registros permite à tesouraria exercer as atividades de planejamento, programação e controle de fluxo de caixa, bem como, se os sistemas de vendas, produção e compras forem devidamente integrados, possibilita a elaboração de previsão de fluxo de caixa, antecipando os futuros problemas de sobra ou falta de caixa. Com isso, caberia à alta administração tomar as medidas preventivas e corretivas da política de manutenção do equilíbrio financeiro.

Mesmo dentro desse ciclo de processos, deve ser aplicado o método de segregação de funções, em que o acompanhamento do recebimento, a aprovação e a execução do pagamento são efetuados pelos setores distintos.

Ao final de todo esse processo, cabe à controladoria e especificamente à área financeira exercer o papel de checar as informações provenientes dos diversos setores e realizar a análise do fluxo de caixa entre o previsto e o real para controlar o ciclo de negócios da gestão do processo financeiro para a manutenção da saúde financeira da empresa.

4.7 Controle interno e o *Committee of Sponsoring Organizations of the Treadway Commission* (COSO)

Conforme já mencionado no capítulo anterior, a origem do conceito de controle interno deu-se em 1949, por meio do Relatório Especial da Comissão de Procedimentos de Auditoria elaborado pelo Instituto Americano dos Contadores Públicos Certificados (*American Institute of Certified Public Accountants* – AICPA).

Mais tarde, em 1992, o *Committee of Sponsoring Organizations of the Treadway Commission* (COSO),[1] comissão que assessora a *Security and Exchange Commission* (SEC), que corresponde à Comissão de Valores Mobiliários (CVM) do Brasil, publicou o *Internal Control – Integrated Framework*. O COSO é o *framework* para a avaliação de controles internos de maior aceitação nos Estados Unidos da América e constitui um modelo de controle que se deve passar pelas organizações, observando suas particularidades, de forma que resulte numa metodologia de avaliação do controle interno.[2]

As diretrizes do COSO definem controle interno como um processo aplicado pela alta administração e demais pessoas da empresa, tais como o conselho de administração, administradores, empregados etc. e que oferece razoável segurança para alcançar os seus objetivos de negócios.

O COSO apresenta um cubo tridimensional como o da Figura 4.5, no qual é ilustrado o relacionamento existente entre os cinco componentes de controle interno e os três objetivos de controle. A terceira face do cubo mostra que o controle interno é aplicável a todas as unidades e atividades de negócios desenvolvidas pela empresa.

---

1 Committee of Sponsoring Organizations of the Treadway Commission – COSO. *Enterprise Risk Management – Integrated Framework*. Set. 2004.

2 DELOITTE TOUCHE TOHMATSU. *Lei Sarbanes-Oxley: guia para melhorar a governança corporativa através de eficazes controles internos*. Maio 2003a.

Figura 4.5 – *Framework* COSO

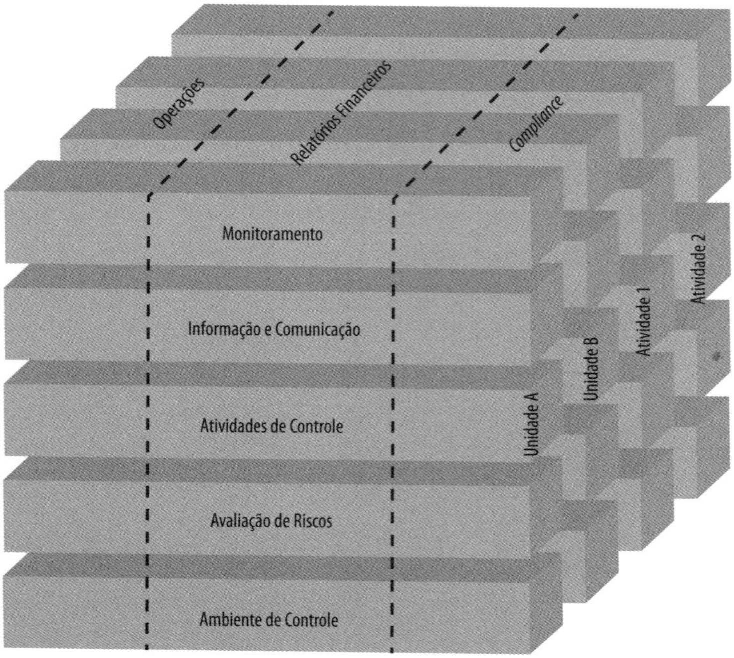

Fonte: Adaptado de DELOITTE TOUCHE TOHMATSU. *Metodologia de auditoria com foco em riscos*, 2003b.

Os cinco componentes citados são:

- Ambiente de Controle: estabelece a base para a existência de uma estrutura de controle interno relacionado com os conceitos de conduta, atitude, consciência, competência e estilo. Grande parte de sua força é extraída da conduta definida pelo conselho de administração e pelos executivos da organização;
- Avaliação de Riscos: consiste na identificação e análise dos riscos mais relevantes para a obtenção dos objetivos do negócio por parte da alta administração. Durante uma avaliação de riscos, cada objetivo operacional, do nível mais alto ao mais baixo, é registrado e então cada risco que possa prejudicar o alcance do objetivo é identificado e priorizado;
- Atividades de Controle: devem ser desenvolvidas para direcionar especificamente cada objetivo de controle, visando minimizar os riscos identificados anteriormente. As atividades de controle correspondem a políticas, procedimentos e práticas adotados para assegurar que os objetivos operacionais sejam atingidos e as estratégias sejam executadas, atenuando os seus riscos;
- Informação e Comunicação: fornecem suporte ao controle interno, transmitindo diretrizes do nível da administração para os funcionários, num formato e estrutura de tempo adequados que lhes possibilitem executar suas atividades de controle com eficácia;
- Monitoramento: é o processo para estimar e checar a qualidade do controle interno durante avaliações contínuas e especiais. O monitoramento pode incluir tanto a supervisão interna quanto externa do controle interno, como pela administração, pelos funcionários ou pelas partes externas.

Já os três objetivos de controle são:

- Operações: avaliar a eficácia e a eficiência no atingimento dos objetivos de negócios da empresa, incluindo desempenho, metas estratégicas e proteção dos recursos;
- Relatórios Financeiros: preparar e emitir os relatórios financeiros e outras informações financeiras confiáveis;
- *Compliance*: atender e cumprir as leis e regulamentos aos quais a empresa está sujeita a fim de evitar prejuízos à sua reputação e outras consequências negativas.[3]

Inicialmente, o controle interno era relacionado somente às funções contábeis e financeiras, porém, a divulgação do *framework* COSO fez com que muitas empresas procurassem desenvolver e aperfeiçoar seus sistemas de controle interno, sendo incorporado a política, regras e legislações na melhoria de suas atividades, a fim de alcançarem seus objetivos de negócios.[4]

Conforme Drucker,[5] a definição do propósito e da missão da organização é fundamental ao estabelecimento de objetivos, ao desenvolvimento de estratégias, à concentração de recursos e ao trabalho, capazes de fazer com que o negócio seja gerido com desempenho satisfatório.

Portanto, o controle é uma ferramenta que possibilita assegurar a efetiva realização ou reavaliação das estratégias, dos objetivos e das metas, quando não da própria missão da empresa, ao permitir a identificação do grau de aderência por parte de todos os níveis hierárquicos e a consecução dos objetivos de negócio. O princípio do controle permite identificar se um trabalho está sendo executado de acordo com as normas estabelecidas e o respectivo plano delineado.

Exercícios de revisão

1. Discuta sobre a diferença entre controle e controle interno.
2. Explique os princípios de controle interno e a sua aplicação em relação ao ciclo de negócios da gestão empresarial.
3. Debata sobre a extensão e a abrangência do controle interno na gestão empresarial.
4. Identifique métodos, técnicas e ferramentas de controle interno comumente aplicados no ambiente empresarial de acordo com a relação dos princípios de controle interno.
5. Na condição de não haver possibilidade de controle e segurança absoluta, relacione os possíveis riscos iminentes e quais seriam os critérios que poderiam ser utilizados para a aplicação de controle interno no ambiente empresarial.
6. Escreva um miniartigo (100 linhas) – use o conteúdo das Figuras 4.1, 4.2, 4.3 e 4.4 – aplicação de controle interno no ciclo de negócios da empresa do ramo de indústria e comércio de um determinado segmento de mercado.
7. Elabore um miniartigo debatendo o cubo tridimensional do COSO apresentado na Figura 4.5 e como o controle interno é aplicado nas unidades e atividades de negócios de um determinado ramo de negócio da empresa.

---

3 PRICEWATERHOUSECOOPERS – PWC. *The Sarbanes-Oxley Act of 2002: strategies for meeting new internal control reporting challenges: a white paper*, 2002.

4 COSO, 2004.

5 DRUCKER, Peter Ferdinand. *Introdução à administração*. 3. ed. São Paulo: Pioneira, 1998.

capítulo

5

Controle interno e *Business Intelligence*

Objetivos

- Apresentar o *Business Intelligence* (BI) como uma ferramenta de monitoramento de controle interno no sentido de permitir a melhoria contínua dos processos inseridos na gestão dos negócios da empresa.
- Discutir alguns fatores que influenciam no processo, bem como as etapas de desenvolvimento e implantação de BI com base no controle interno.
- Tratar o fator humano como uma variável fundamental para o sucesso da implantação do controle interno.

Resumo

Embora o *Business Intelligence* (BI) seja uma ferramenta utilizada para fins de planejamento estratégico, pode ser perfeitamente usada para fins de monitoramento da gestão empresarial sob o enfoque de controle interno.

São inúmeras as ferramentas que devem ser consideradas para o desenvolvimento e implantação adequados na organização, onde a preparação prévia é essencial para minimizar os futuros problemas de operação e gerência. Um dos fatores que devem ter certa prioridade é o fator humano, cujo tratamento pode levar ao sucesso na consolidação do controle interno.

5.1 *Business Intelligence* (BI)

O *Business Intelligence* (BI) surgiu na década de 1980 no *Gartner Group* e consiste em um processo inteligente de coleta, organização, análise, compartilhamento, monitoração e avaliação de dados e/ou informações obtidos em uma grande diversidade de banco de dados, apresentando informações e conhecimentos para o apoio à tomada de decisões no ambiente de negócios.

Tais informações e conhecimentos são derivados de inúmeras combinações e cruzamentos de dados que atualmente são obtidos num grande repositório denominado *Data Warehouse* (DW). Este trabalha com estruturas especiais de armazenamento de informações, ou seja, estruturas dimensionais de dados remodelados com a finalidade de proporcionar análises diferenciais, capaz de sustentar o setor de inteligência da empresa em diversos níveis para ser aplicada aos seus negócios.

Com a evolução e o desenvolvimento de novos recursos da área de tecnologia da informação, o *Business Intelligence* é composto de um conjunto de ferramentas e soluções, tais como:

- *Business Performance Management* (BPM), que é uma maneira de orientar os negócios de forma ativa na direção em que a empresa deseja ou como foi planejado estrategicamente;
- *Data Warehouse* (DW), que é uma coleção de dados derivados dos dados operacionais destinados a sistemas de suporte à decisão, cujos dados são armazenados em estruturas lógicas dimensionais, o que permite o seu processamento analítico por ferramentas como o *On-Line Analytical Processing* (OLAP) e *Data Mining;*
- *Data Mart* (DM), que é um *Data Warehouse* reduzido e constituído de um pequeno armazenamento de dados para fornecer informações de suporte à decisão, a fim de atender a um pequeno grupo de pessoas;
- *On-Line Analytical Processing* (OLAP), que se traduz como Processamento Analítico *On-line*, é uma aplicação especial de tratamento de dados que consiste em trabalhar com operadores dimensionais, o que possibilita uma forma múltipla e combinada de análise;
- O *Data Mining* transforma os dados em informações utilizando uma combinação de modelos matemáticos e estatísticas com as técnicas de Inteligência Artificial. Relaciona-se com os processos de inferência e uma forma de busca de conhecimento baseada em algoritmos que objetivam o reconhecimento de padrões escondidos nos dados e informações, não necessariamente revelados pelas outras abordagens analíticas;
- *Executive Information System* (EIS), que é um sistema de apoio à decisão voltado para atender às necessidades dos altos executivos de uma empresa, que trabalham basicamente com informações organizadas de forma resumida.

Da mesma forma que se utilizam as ferramentas de *Business Intelligence* para obter diversos tipos de conhecimentos para planejamento estratégico de uma organização, os mesmos recursos devem ser utilizados para desenvolvimento e avaliação dos sistemas de controle interno e, consequentemente, no estabelecimento do modelo de gestão de negócios da empresa.

O uso adequado das ferramentas de BI pode permitir a extração de informações e conhecimentos sobre a melhor forma de desenvolver os seus negócios, bem como de maximizar a sua eficiência operacional e gerencial das atividades da empresa do ponto de vista de algum parâmetro de controle interno.

Porém, não somente com o componente tecnológico é possível viabilizar a geração de conhecimentos necessários para estabelecimento do modelo de gestão. É essencial levar em consideração o fator humano, que é o principal agente gerador desse conhecimento, bem como provocador de mudanças no mundo de negócios.

As pessoas são elementos que podem criar e desenvolver processos e conseguir resultados diferenciados em função das decisões tomadas com base em análises qualitativas e quantitativas a serem obtidas analiticamente pelas ferramentas de BI. Dessa forma, o modelo de gestão apoiado no controle interno é determinado pelos gestores da organização. O fato de o processo gerencial ser mais centralizado ou descentralizado depende exclusivamente do perfil e comportamento do gestor, que normalmente acaba estabelecendo o modelo a ser adotado, independentemente do conhecimento adquirido por meio do BI.

Ao mesmo tempo em que as ferramentas de BI fornecem conhecimentos existentes no ambiente de negócios, elas podem também ser empregadas para monitoramento de gestão e, consequentemente, nos sistemas de controle interno. O controle interno pode minimizar a ocorrência de erros ou fraudes, porém, ele não é plenamente seguro para evitar que isso aconteça, o que reforça a necessidade do suporte do BI.

5.2 Soluções para usuários finais

A evolução e o amadurecimento do conceito e da tecnologia de BI permitiram o desenvolvimento de inúmeras ferramentas voltadas para usuários finais, ou seja, mais "amigáveis" e fáceis de usar. Algumas delas trazem programas padronizados e prontos para uso, sem necessidade de iniciar do zero.

Essas soluções possibilitam a geração de relatórios e a realização de análises com diferentes visões de uma informação em níveis operacionais, gerenciais e estratégicos, lembrando que não existe um modelo padrão que se adapte a qualquer organização, onde cada caso deve ser tratado de forma particular e independente dos demais. Uma simples planilha eletrônica pode ser considerada uma ferramenta de BI, na medida em que permite realizar análises e comparações para a tomada de decisão.

Em nível de controle interno, seus parâmetros permitem estabelecer o modelo de arquitetura em diversas dimensões que possibilitam acessar e tratar os dados para identificação do comportamento analítico do cenário em análise e sujeito a monitoração. Isso possibilita definir os metadados, que constituem peças essenciais para a documentação das aplicações *On-Line Analytical Processing* (OLAP) e do ambiente de *Data Warehouse* (DW)/*Data Mart* (DM).

Essas ferramentas oferecem funções que permitem definir os agregados para fins de registro e monitoramento, dando indicações de sua efetiva utilidade nos processos de tomada de decisão estabelecidos no modelo de gestão e no sistema de controle interno.

Como exemplo, a Figura 5.1 apresenta um modelo multidimensional de dados obtido com o relacionamento efetuado entre a origem da mudança, sua modalidade e tecnologias para gestão e operação do negócio, que pode ser extraído da *Data Warehouse* pelo *software Data Mining*. A origem da mudança consiste em identificar se ocorreu dentro da estratégia *top-down*, *inside-out* ou *bottom-up*. Quanto à modalidade da mudança, esta é observada em função de conformidade, customização e/ou inovação. Enquanto isso, as tecnologias para gestão e operação do negócio são desenvolvidas pelo controle interno, risco e/ou auditoria.

Figura 5.1 – Modelo multidimensional de dados entre origem da mudança x modalidade da mudança x tecnologias para gestão e operação do negócio

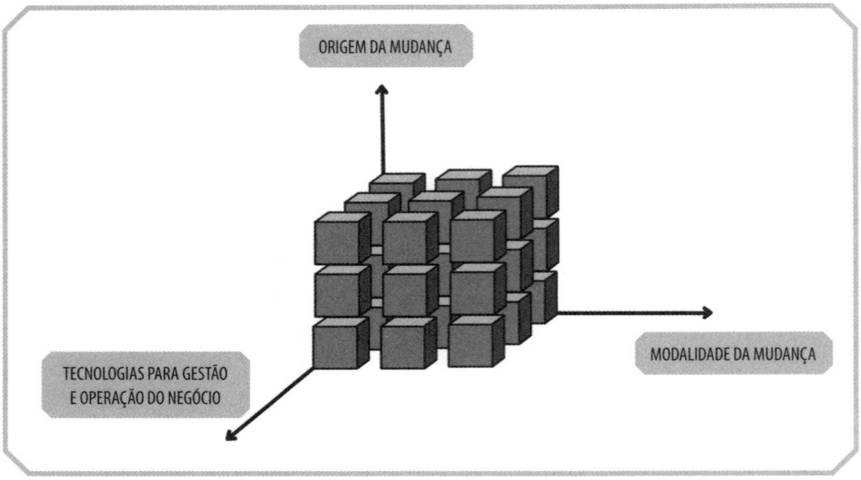

Baseado neste modelo, o BI pode auxiliar no processo de apuração dos resultados de desenvolvimento de diversos projetos, durante um determinado período, e monitorar o comportamento dos projetos em relação aos eventos ocorridos no sistema de controle interno.

Esses modelos de gerenciamento de projetos podem ser utilizados para manipular e coordenar grandes projetos e para descobrir atividades ou tarefas críticas que podem atrasar ou pôr em perigo todo um projeto se não forem trabalhadas em tempo hábil e de modo econômico em termos de custos.

Alguns desses programas também podem determinar a melhor forma de acelerar um projeto pela utilização eficiente de recursos adicionais, como financeiros, mão de obra e equipamentos. Tais modelos de gerenciamento de projetos permitem que os tomadores de decisões mantenham total controle sobre projetos de qualquer natureza.

Para que esse processo possa ser viabilizado para atender aos usuários finais, é necessário realizar um estudo das soluções com as ferramentas de retaguarda, no sentido de integrá-las de forma eficiente ao sistema de controle interno.

5.3 Soluções com ferramentas de retaguarda

A sustentação das soluções para usuários finais apresentadas no item anterior requer uma boa base de aplicações de retaguarda que permita implantar o processo tecnicamente, com suas ferramentas de preparação de dados. Essas aplicações devem ter as funcionalidades de extração, transformação e limpeza dos dados das mais variadas fontes e seu respectivo armazenamento no *Data Warehouse* (DW). Esse processo é muito trabalhoso e complexo, pois existe a necessidade de um detalhamento da forma como devem ser preparados os dados e executados de forma adequada e correta.

As ferramentas de retaguarda devem permitir a realização das cinco operações consideradas essenciais para o desenvolvimento das três funcionalidades acima citadas, a saber:

- Extração dos dados, que podem estar em fontes internas, correspondentes aos arquivos e bancos de dados dos sistemas transacionais da empresa, ou externas, que são os dados obtidos dos sistemas fora da empresa. Tais dados deverão ter certo grau qualidade, ou seja, atender às especificações de consistência, integridade e confiabilidade. Se uma dessas especificações não for atendida, todos esses dados deverão sofrer o procedimento de saneamento e acerto.
- Limpeza dos dados, ou seja, os dados são corrigidos de algumas imperfeições contidas na base de dados dos sistemas transacionais, bem como sua adequação à finalidade de fornecer dados concisos, não redundantes e com qualidade aceitável ao usuário final. Isso permitirá uma análise baseada nos valores mais próximos da realidade.
- Transformação dos dados refere-se ao processo de padronização de dados provenientes de diversas fontes, muitas vezes com formatações diferentes, necessitando transformar em único formato.
- Carga do *Data Warehouse* (DW) corresponde ao processo de armazenamento de dados que já passaram pela limpeza e integração a partir de um banco de dados temporário.
- Atualização dos dados refere-se à passagem dos dados alterados da base de dados dos sistemas de aplicação, que a todo momento estão sofrendo modificações e são fontes de captação, de forma organizada.

As atividades de extração, transformação e carga dos dados são as fases mais críticas de um DW, pois envolvem toda a fase de movimentação e atualização dos dados, que deverão atender às especificações de qualidade de consistência, integridade e confiabilidade.

5.4 Etapas para desenvolvimento e implantação de *Business Intelligence* (BI) com base no controle interno

O desenvolvimento e a implantação de BI integrado com o sistema de controle interno requer que sejam cumpridas as seguintes etapas, a saber:

5.4.1 Estruturação, identificação e definição de fontes de dados

Esta primeira etapa consiste em elaborar e estruturar a modelagem de dados a partir do estabelecimento da arquitetura de controle interno, normalmente advinda do planejamento estratégico elaborado pela alta administração da empresa.

Com base nesta modelagem, deve-se identificar e definir as fontes de dados que poderão estar em arquivos e banco de dados dos sistemas de aplicação da empresa; também poderá haver a necessidade de criar um mecanismo e procedimento de captação do ambiente externo.

Os dados dessas fontes, normalmente, possuem muitas informações que poderão estar incoerentes e inconsistentes. Por conta disso, torna-se necessário um procedimento de saneamento e acerto desses dados, criando mecanismos de compatibilização e consistência entre os dados em cada sistema, tanto internos quanto externos. Um exemplo que poderia ser citado é o caso de um sistema de gestão de relacionamento de clientes e de fornecedores com problemas registrados, no qual constam muitas informações de identificação zeradas, em branco ou com diversos caracteres especiais que não condizem com a própria entidade, prejudicando o processo de tabulação e respectiva análise.

Portanto, durante esta etapa, é necessário verificar as formas de compatibilizar e criar uma maneira de tratar os dados considerados errados ou inexatos.

5.4.2 Seleção, extração e reformatação de dados

Selecionar dados dos sistemas de informação do ambiente operacional pode ser muito complexo quando houver a necessidade de tratar inúmeros dados para compor um ou mais modelo de estrutura para o DW. Por outro lado, quando se fala de sistemas legados sem os dados modelados e ausência de documentação, torna-se dificultoso o estabelecimento de regras de composição e tratamento dos dados para um novo modelo dimensional.

A extração dos dados requer um filtro que relacione os procedimentos e condições para aceitar ou eliminar os elementos de dados, tanto desejáveis quanto indesejáveis, respectivamente, no modelo dimensional. Como exemplo, pode-se citar a forma de filtrar e tratar os dados constantes no arquivo de boletim de ocorrência de irregularidades operacionais registradas no sistema operacional, já que nem sempre o que ocorre com frequência e faz parte da regra do negócio deve ser selecionado para fins de análise e monitoramento do controle interno. Em complemento, os dados inconsistentes devem ser eliminados durante o processo de extração.

A reformatação consiste em converter os dados em unidades, formatos e dimensões estabelecidas nos atributos das entidades do modelo dimensional. Por exemplo, a data formatada em dia, mês e ano (DD/MM/AAAA) no sistema de boletim de ocorrência pode ser reformatada para ano e mês (AAAA/MM).

5.4.3 Transformação dos dados

A transformação compreende a forma de integrar os dados, correlacionando as informações obtidas de diversas fontes, sumarizar ou resumir o volume de dados e gerá-los na ordem e no formato estabelecidos no ambiente de DW.

Na existência de diversos arquivos de entrada, cada um com chaves de acesso distintas, deve-se escolher uma delas para intercalação destes. Os arquivos devem ser gerados seguindo a mesma sequência das colunas estipuladas no ambiente de DW.

Assim como pode haver uma grande diversidade de resultados, os dados podem ser produzidos em diversos níveis de sumarização pelo mesmo programa de geração de cargas.

Também deverão estar estabelecidos os valores *default*, ou valores padrões assumidos, nos campos da DW que não possuem fonte de dados.

Embora existam ferramentas de extração, transformação e carga de dados, ainda há a necessidade de criar rotinas e estabelecer procedimentos de carga para atender a determinadas situações excepcionais. Tais ferramentas, incluindo o *On-Line Analytical Processing* (OLAP), são poderosas fontes de geração de metadados e podem contribuir no aumento da produtividade para controle, visualização e análise dos dados.

5.4.4 Análise dos resultados

A utilização das ferramentas de aplicação OLAP de tratamento de dados em forma múltipla e combinada de análise, bem como de aplicação *Data Mining* (DM) de transformação de dados em informações com o uso de uma combinação de modelos matemáticos e estatísticas empregando as técnicas de Inteligência Artificial, permite obter uma grande gama de resultados que podem auxiliar no processo de monitoramento de controle interno.

Tais ferramentas, que fazem parte da família dos sistemas de apoio à decisão, bem como o *Business Intelligence* (BI), exigem um profundo conhecimento técnico e de gestão de negócios por parte dos usuários, tanto dos profissionais de tecnologia da informação quanto dos gestores, para serem elaboradas e utilizadas com sucesso.

5.5 Fator humano como chave de sucesso da consolidação do controle interno

A tecnologia de BI, embora muito comentada, ainda não está no estágio de aplicação ampla no meio empresarial. Assim, os modelos de gestão ainda não estão devidamente consolidados para maximizar os processos e melhorar os resultados operacionais e gerenciais por meio da análise de informações úteis extraídas do BI para o negócio da empresa.

As empresas têm tratado as informações de forma setorizada, no sentido de procurar soluções aos problemas do cotidiano, muitas vezes decorrentes das dificuldades encontradas no desenvolvimento de seus negócios no mercado em que estão inseridas. Embora cada setor seja responsável pela geração, consolidação e análise das informações, observa-se que os gestores encontram muitas dificuldades em identificar algo que possa ser útil para o processo de tomada de decisão.

O BI, por si só, não oferece informações e conhecimentos que permitam auxiliar no desenvolvimento e monitoramento dos negócios se os próprios gestores não estiverem devidamente preparados e tiverem conhecimento do que realmente necessitam para melhorar e maximizar o desempenho da sua entidade.

Como o BI está relacionado à área de tecnologia da informação (TI), é comum exigir e elegê-la como responsável pela geração de informações e conhecimentos considerados úteis para a tomada de decisão. Em decorrência da dificuldade da própria área de TI em não conseguir tais informações, acaba-se envolvendo as demais áreas afins no auxílio da elaboração do modelo de dados, para facilitar a obtenção de novos conhecimentos, que nem sempre, entretanto, são novos.

A área de TI pode possuir qualificações técnicas para a gestão da informação e do conhecimento, porém, falta-lhe uma visão global do negócio, bem como da composição e das necessidades funcionais da empresa para atuar no mercado. Por outro lado, as áreas afins, além de não possuírem qualificações técnicas para utilizar os sistemas tecnológicos, podem ter uma formação com visão restrita das operações da empresa.

Portanto, independentemente da área funcional que possa exercer a atividade de gerenciamento das informações e do conhecimento, é essencial que os recursos humanos sejam preparados para ter qualificação técnica para operar e gerenciar as informações, tenham uma boa noção de todas as áreas administrativas e gerenciais da organização e possuam inteligência competitiva. Se atenderem a tais requisitos, bem como terem um bom nível de liderança, pode-se permitir um apoio aos processos e necessidades de cada setor da empresa e um gerenciamento ótimo das informações e do conhecimento da gestão do negócio que dê suporte às decisões estratégicas, gerenciais e operacionais de forma adequada e útil.

Isso possibilitaria desenvolver um modelo de gestão de negócios e controle interno aderente aos processos e resultados da organização, no sentido de atender a expectativas e anseios, consoante aos mecanismos de monitoramento para atingir os objetivos e as metas estabelecidas pela alta administração da empresa.

Os tipos e as finalidades de controle interno são diversos e requerem muitas adaptações e especificidades de empresa para empresa, de segmento para segmento. Entretanto, existem alguns métodos e medidas tradicionais, ou seja, foram adotados desde a concepção do conceito de controle interno pelo Comitê de Procedimentos de Auditoria do Instituto Americano de Contadores Públicos Certificados, em 1949, a saber:

- Políticas e procedimentos claramente definidos;
- Sistemas de alçadas e limites;
- Definições de autorizações;
- Procedimentos de conciliações periódicas;
- Controle de acesso físico;
- Controle de acesso lógico;
- Atribuição e definição de responsabilidades;
- Elaboração de plano de contingência;
- Formalização de registros;
- Monitoramento;
- Segregação de funções;
- Treinamento do corpo funcional etc.[1]

Tendo em vista esses componentes, o BI cria a possibilidade de não só monitorar, mas apresentar elementos que permitam uma adaptação dos sistemas de controle interno para minimizar o impacto dos incidentes que porventura possam ocorrer, preparar para a adoção de processos de contingência e alimentar a gestão de riscos empresariais de forma adequada.

Exercícios de revisão

1. Debata sobre como as ferramentas de BI podem ser constituídas na extração de informações para controle interno.

[1] CONSELHO REGIONAL DE CONTABILIDADE DO ESTADO DE SÃO PAULO – CRC. *Controle interno nas empresas*. São Paulo: Atlas, 1998.

2. Discuta os fatores que podem contribuir para o sucesso da aplicação de BI no controle interno.
3. Elabore um miniartigo (100 linhas) desenvolvendo, conforme a Figura 5.1, um modelo multidimensional de dados entre origem da mudança *versus* modalidade da mudança *versus* tecnologias para gestão e operação do negócio.
4. Identifique as formas de preparação de dados utilizando as ferramentas de retaguarda para viabilizar a extração, transformação e limpeza de dados das mais variadas fontes para desenvolvimento e implantação de BI.
5. Discuta as etapas de desenvolvimento e implantação de BI com base no controle interno.
6. Debata sobre como o fator humano deve ser preparado para viabilizar o desenvolvimento e a implantação do BI para consolidação do controle interno.

capítulo

6

Risco: uma abordagem para a mudança

Objetivos

- Este capítulo tem como objetivo discutir o conceito de risco e seus diferentes tipos, enfatizando o risco inerente às empresas, seja por conta das decisões estratégicas e operacionais tomadas internamente, seja por conta das condições do mercado, de produtos e financeiras, que podem afetar o desempenho dos negócios e o retorno efetivamente obtido pelos investidores em geral.
- Além de discutir o conceito e alguns dos principais tipos de riscos existentes no contexto das empresas, procuramos enfatizar a necessidade do gerenciamento e do controle de risco como atividades fundamentais no mundo corporativo moderno, a fim de evitar que grandes perdas possam colocar em risco o curso natural dos negócios de uma empresa ou a sua própria continuidade.
- Não é possível conceber, modernamente, um sistema de controles internos sem que a questão de risco esteja intimamente relacionada a desempenho e medidas que visem tornar a empresa menos vulnerável diante das contingências internas e externas.
- Destacamos também a importância das estratégias de *hedge*, especialmente com o uso de derivativos, que são instrumentos financeiros criados com o objetivo de proporcionar aos diversos agentes econômicos proteção diante de riscos considerados indesejáveis.

Resumo

Iniciamos o capítulo com uma discussão sobre o conceito de risco e os tipos de riscos que podem ser concebidos baseados em diferentes abordagens existentes na literatura que trata especificamente desse tema.

Em seguida, abordamos o risco no contexto das empresas e do mercado financeiro, visto que os mesmos riscos que afetam as empresas também são importantes para determinar o risco dos ativos de capital negociados no mercado.

Discutimos diversos elementos que devem ser levados em conta na estruturação de um modelo de administração de risco de uma empresa para, em seguida, tratarmos da relação da atividade de gestão de risco no contexto dos controles internos da empresa.

Terminamos o capítulo discutindo o uso de derivativos nas operações de *hedge* da empresa, baseado no reconhecimento de que uma gestão de risco proativa envolve a adoção de estratégias que visem mitigar riscos considerados indesejáveis ou inoportunos.

6.1 O que é risco

Uma pessoa sai de casa pela manhã e não sabe como está o trânsito. Pode estar ruim, muito ruim, bom ou muito bom, pontuando somente quatro alternativas. Uma equipe de futebol vai jogar uma partida em seu estádio contra o seu principal adversário na cidade. Pode ganhar, perder ou empatar. Você adquire um apartamento novo, não para morar, mas apenas como investimento. Pode ser que o apartamento se valorize, perca valor ou mantenha seu preço estagnado.

Todas as situações mencionadas acima nos ajudam a entender o significado de risco. Risco está associado à incerteza que temos sobre o amanhã, ao futuro e à impossibilidade que temos de controlar o que pode vir a ocorrer, no curto ou longo prazo.

Embora muitas vezes a incerteza sobre o futuro possa nos reservar algo de positivo e favorável, evidentemente as pessoas em geral não gostam de estar sujeitas a condições de risco, pois a falta de certeza sobre o que pode vir a acontecer gera desconforto, estresse e uma percepção de vulnerabilidade.

Em finanças, risco é definido como a possibilidade de ocorrência de uma perda. Ou, ainda, como a chance de obtenção de um resultado aquém do esperado.

Nos investimentos realizados no mercado de capitais, por exemplo, corremos risco quando investimos em ações em vez de aplicar nosso dinheiro em alternativas de risco muito baixo ou nulo, como é o caso da caderneta de poupança.

Mas, no caso dos investimentos financeiros, prevalece a máxima de que "quanto maior o risco, maior o retorno". Ou seja, aqueles que estão dispostos a assumir posições arriscadas estão ao mesmo tempo esperando obter um retorno acima de outras opções em vista do risco que estão correndo.

Uma questão fundamental quando falamos de risco está justamente relacionada a como mensurá-lo ou, pelo menos, como levá-lo em conta diante das condições de acompanhamento e controle de determinados negócios. Falaremos mais à frente sobre esses dois pontos com mais detalhes.

Portanto, podemos entender que todos nós, indivíduos, governos, empresas, instituições financeiras e entidades sem fins lucrativos, estamos sempre sujeitos a situações de risco e incerteza. E a questão fundamental, do ponto de vista do tratamento do risco, é como mensurá-lo para que possamos de alguma forma controlá-lo e gerenciá-lo.

Figura 6.1 – Modelo básico de risco

Um indivíduo, por exemplo, que investe no mercado de ações e possui uma carteira com cinco diferentes papéis deve procurar mensurar o nível de risco de cada uma de suas ações e de sua carteira de investimentos como um todo. Conhecendo o nível de risco de seu investimento, ele pode adotar uma dentre várias estratégias possíveis.

Manter o nível de risco atual de sua carteira, aumentar o risco, reduzir o risco do investimento, fazer um *hedge* (proteção de risco) diante de situações consideradas desfavoráveis, alavancar o risco de seu investimento em situações consideradas de valorização do mercado, aumentar o nível de diversificação de sua carteira etc.

Uma empresa também se depara com a necessidade de mensurar o risco e gerenciá-lo em diferentes situações. Um caso exemplar em que a questão do risco tem de necessariamente ser considerada é quando estão sendo avaliados projetos de investimento.

Projetos de investimento são avaliados e realizados pelas empresas de tempos em tempos em função fundamentalmente dos planos de crescimento e de melhoria de desempenho definidos estratégica ou taticamente pelos mandatários da organização.

Há projetos de grande magnitude e relevância e outros de menor importância. Mas, de qualquer maneira, todos os projetos necessitam ser avaliados à luz dos retornos que se esperam sobre eles e dos riscos inerentes a cada um.

A administração de risco é especialmente importante nas atividades bancárias, sejam os bancos comerciais ou de investimentos. Os bancos são instituições que fundamentalmente trabalham e gerenciam risco, seja nas operações de crédito, na gestão de recursos ou nas atividades de tesouraria.

Em função do aumento da complexidade dos mercados financeiros e das possibilidades existentes hoje em dia para alavancar ou mitigar os riscos das operações financeiras, torna-se mais imperiosa a atividade de gestão de risco, pois os capitais para investimentos estão hoje em dia mais expostos e suscetíveis à especulação.

As próprias crises financeiras que ocorreram nos anos 1990 e durante os anos 2000, culminando com a crise do *subprime* em 2008, têm suscitado a necessidade de buscarmos novos mecanismos de gerenciamento de riscos, visando não comprometer em demasia os capitais especulativos e mesmo os capitais de reserva, que acabam se sujeitando, via marcação a mercado, aos movimentos imprevisíveis de variação de taxa de juros e de prêmio de risco.

6.2 Os tipos de risco

Quando falamos de risco, na verdade, temos de reconhecer a existência de diferentes tipos de riscos. A saber:

- Risco de mercado;
- Risco de crédito;
- Risco operacional;
- Risco cambial;
- Risco sistemático;
- Risco diversificável.

Risco de mercado é aquele que está relacionado à variabilidade imprevisível dos preços de ativos negociados no mercado. Por exemplo, o mercado de ações está sujeito a risco de mercado por conta da volatilidade observada nos preços das ações em geral. Esta volatilidade pode ser mensurada e estimada com base nas séries históricas e em modelos de estimativa de volatilidade.

Risco de crédito está relacionado à possibilidade de não pagamento de obrigações. Portanto, quando uma empresa toma dívidas no mercado, o credor assume o risco de crédito correspondente a essa dívida. Também assume risco de crédito o debenturista que adquire um lote de debêntures de uma empresa, sendo essas debêntures arriscadas na proporção em que a empresa tem um negócio muito volátil, possui muita alavancagem operacional ou é endividada em níveis moderados ou altos.

Risco operacional está associado a eventos futuros que podem ocorrer e que colocam em risco o patrimônio físico e financeiro de uma empresa.

Risco cambial está relacionado à variação da taxa de câmbio ao longo do tempo, ou seja, variação do preço da moeda estrangeira referenciada na moeda local.

Risco sistemático é uma definição que surgiu no contexto da teoria de carteiras de ativos financeiros e está associada à parcela de risco que não pode ser eliminada pela diversificação. O risco sistemático é a medida relevante de risco no caso das ações, sejam elas ordinárias ou preferenciais. De acordo com o CAPM, de que trataremos mais à frente, quanto maior o risco sistemático de um ativo financeiro, maior o retorno que deve ser exigido. Convém esclarecer que no contexto do CAPM também se usa a denominação risco de mercado para se referir a risco sistemático.

Risco diversificável, ao contrário do sistemático, corresponde à parcela de risco que pode ser eliminada por estratégias de diversificação, que consiste em compor carteiras numerosas ou pelo menos com dois ou mais ativos que não sejam forte e positivamente correlacionados entre si.

Há outros tipos de riscos que podem ser mencionados ao longo do texto, mas iremos nos concentrar especialmente nos tipos mencionados, que são os que mais nos interessam do ponto de vista da gestão de risco corporativo.

6.3 Risco no contexto das empresas

Quando falamos de risco no contexto das empresas, estamos nos referindo, em primeiro lugar, ao risco dos negócios da própria empresa.

As empresas podem atuar num único negócio ou possuir diferentes negócios em seu portfólio. Em ambos os casos, as empresas necessitam reconhecer os riscos envolvidos no seu negócio, a fim de tomar decisões corretas do ponto de vista estratégico e financeiro.

Costumamos raciocinar que empresas que possuem uma carteira de negócios diversificados estão menos sujeitas ao risco do que empresas que investem em um único negócio. Está em jogo, nesse caso, a lógica de diversificação de carteiras, que indica que o risco é reduzido quando montamos carteiras diversificadas, ou seja, que não contenham ativos fortes e positivamente correlacionados.

No entanto, convém esclarecer que, embora possa fazer sentido a estratégia de reduzir o risco de empresas montando negócios diversificados, a decisão pode não ser correta do ponto de vista financeiro, na medida em que os investidores de mercado possuem melhores e mais favoráveis condições de diversificar seus investimentos do que empresas individuais.

A lógica financeira sugere que as empresas possuem um custo muito elevado e um tempo muito longo para conseguir efetuar suas estratégias de diversificação. Investidores, por sua vez, conseguem, com alguns cliques no computador, montar uma carteira diversificada, envolvendo negócios dos mais diferentes setores de atividade da economia.

Talvez a diversificação empresarial, que marca a característica de alguns conglomerados, possa ser justificada se houver a oportunidade de se criar numa determinada economia, aquilo que em finanças é chamado de mercado de capitais interno. Esse seria o caso de mercados de capitais em que muitos setores relevantes da economia não estejam devidamente representados no mercado de ações, o que criaria a oportunidade de alguma empresa específica desempenhar o papel que na verdade caberia ao mercado de capitais, especialmente do ponto de vista de alocação racional de recursos escassos.

De qualquer maneira, as empresas em geral estão sujeitas ao risco de negócio e, na verdade, ele corresponde ao tipo de risco que a empresa está disposta a correr, pois supostamente ela é competente e extraordinariamente capaz de gerenciar esse risco de modo a gerar um retorno que o compense.

Logicamente, há negócios na economia mais arriscados e outros menos. O setor de energia elétrica, por exemplo, tende a ser menos arriscado do que o negócio de comércio eletrônico, o setor de alimentos básicos é menos arriscado do que o setor de bens de capital, e assim por diante.

Os gestores de uma empresa precisam reconhecer o nível específico de risco dos seus negócios e, por conta disso, tomar decisões que visem equilibrar o risco dos negócios da empresa com o risco decorrente do uso de dívidas, bem como ajustar o nível de risco do seu negócio para mais ou para menos, aproveitando-se de oportunidades estratégicas que o próprio mercado venha a oferecer.

Quando nos referimos ao risco de negócio, estamos tratando especialmente da volatilidade e imprevisibilidade das vendas futuras da empresa. Uma empresa que possui um comportamento estável de vendas certamente possui menos risco do que outra que possui vendas muito variáveis. Logicamente, temos de considerar também o comportamento dos custos e despesas, mas, na verdade, tais itens são fixos ou tendem a variar proporcionalmente às vendas, o que torna os lucros da empresa principalmente variáveis em função do desempenho das vendas.

As empresas apresentam variação de vendas e resultados por diferentes motivos. Em primeiro lugar, porque a economia do país e a economia do mundo têm um comportamento que não é necessariamente estável. Vivemos períodos de crescimento e outros de recessão. Dentro desses extremos temos um comportamento flutuante da economia de qualquer país.

As empresas podem compensar o risco envolvido nas vendas efetuadas internamente aumentando o percentual de vendas exportadas. Porém, nesse caso, a empresa passa a correr o risco da variação cambial.

Eventualmente, as empresas apresentam resultados abaixo do esperado em função de um aumento não previsto de custos e despesas. Isso pode acontecer na medida em que haja algum evento interno ou externo à empresa, como uma quebra de maquinário ou um aumento inesperado de preços de matérias-primas.

As empresas também estão sujeitas a situações imprevistas ou até inusitadas na sua história. Uma greve prolongada, um *recall* de um lote grande de produtos, um incêndio nas instalações ou uma perda significativa de valor dos seus estoques. Enfim, uma diversidade de eventos pode afetar positiva e negativamente os resultados de uma empresa e cabe à área de gestão de riscos evitar que essas perdas possam atingir magnitudes tais que afetem fortemente o seu desempenho num certo período ou até mesmo a sua continuidade.

Empresas que comercializam ou industrializam *commodities* agrícolas ou metálicas também estão sujeitas ao risco inerente à volatilidade dos preços dos ativos que ela utiliza. Nestes casos, bem como em muitos outros, as empresas dispõem de mecanismos de proteção (*hedge*) que lhes dão maior segurança de que grandes perdas não ocorrerão diante de eventos desfavoráveis. Dentre os principais mecanismos de proteção estão os contratos futuros que são negociados em bolsa (BM&FBovespa, no caso do Brasil). Os contratos futuros são padronizados, enquanto que os contratos a termo são mais flexíveis (customizados) e podem ser elaborados de acordo com as necessidades dos envolvidos na operação.

Conforme veremos mais à frente, podemos mensurar o risco de uma empresa, ou das ações de uma empresa, com base em modelos teóricos desenvolvidos na área de finanças, como é o caso do *Capital Asset Pricing Model* (CAPM) e do *Arbitrage Pricing Model* (APM).

Além do risco inerente ao negócio da empresa, identificamos outro tipo de risco que é denominado financeiro. Esse tipo de risco decorre do fato de a empresa trabalhar com mais ou menos proporção de dívidas, considerando que eventualmente uma empresa pode trabalhar sem dívidas, embora não seja o normal.

O endividamento da empresa é, portanto, outro fator de risco importante a ser considerado e que está relacionado à capacidade de geração de rentabilidade e à possibilidade de a empresa ter dificuldades financeiras e não honrar as suas obrigações, podendo inclusive sucumbir e ir à falência.

Conforme a Figura 6.2 a seguir, podemos considerar que, do ponto de vista de risco total de uma empresa e de suas ações, dois tipos de riscos têm de ser levados em conta: o de negócio e o financeiro. O primeiro é decorrente da atividade operacional da empresa e do setor de atividade em que ela atua. O segundo depende do endividamento, conforme acabamos de ver. A empresa, visando trabalhar em condições equilibradas de rentabilidade e liquidez, deve procurar balancear os dois tipos de riscos. Se ela tem um negócio por natureza arriscado, deve procurar ser pouco endividada. Se ela tem um negócio pouco arriscado, pode se endividar num patamar mais elevado, mesmo assim tomando cuidado para não se expor demasiadamente a problemas financeiros.

Figura 6.2 – Risco do negócio e risco financeiro

6.4 Risco no mercado financeiro

O risco pode ser considerado do ponto de vista da empresa e do ponto de vista do mercado financeiro. Já discutimos detalhadamente o risco do ponto de vista da empresa. Vamos, agora, discuti-lo do ponto de vista do mercado financeiro.

De acordo com a teoria financeira, os ativos financeiros devem ser analisados no mercado do ponto de vista de risco e retorno. O retorno pode ser realizado ou esperado e o risco pode ser baseado no passado ou estimado para o futuro.

Um princípio básico de finanças é aquele que estabelece uma relação positiva entre risco e retorno, ou seja, quanto maior o risco, maior o retorno exigido em relação a um investimento.

Olhando para o passado, pode ser que um investidor tenha feito investimentos de alto risco e obtido um retorno muito baixo ou negativo. No entanto, o que vale na relação entre risco e retorno é a expectativa em relação ao futuro. Espera-se, no futuro, a obtenção de um retorno proporcional ao risco que se corre. Neste caso, o retorno é chamado de esperado, enquanto que o risco também poderia ser chamado de esperado, pois não corresponde necessariamente ao risco que se mensurou no passado.

Medimos o retorno normalmente com base na variação do preço de ativos financeiros. Ou seja, uma ação que tinha um preço de $ 80 um ano atrás e que hoje é negociada a $ 100 apresentou um retorno anual de 25%. Da mesma forma, um título qualquer que era negociado há um mês a $ 930 e hoje é negociado a $ 960 apresentou um retorno (mensal) de 3,23%.

Exemplo: calcule os retornos realizados de uma ação cujos preços de fechamento estão mencionados na Tabela 6.1.

Tabela 6.1 – Série de preços de uma ação

Ano	Preço
2011	1.200,00
2010	1.111,11
2009	1.058,20
2008	904,44
2007	1.027,77
2006	934,34
2005	873,22
2004	786,68

O cálculo dos retornos é dado por, no caso do retorno de 2011:

$$R_{2011} = \frac{P_{2011}}{P_{2010}} - 1 = \frac{1.200,00}{1.111,11} - 1 = 0,08 = 8\%$$

Esse mesmo processo de cálculo se aplica aos outros anos, gerando a Tabela 6.2.

Tabela 6.2 – Série de retornos de uma ação

Ano	Retorno
2011	8%
2010	5%
2009	17%
2008	-12%
2007	10%
2006	7%
2005	11%

Quando calculamos retornos em relação ao passado, denominamos retornos realizados. Com base nestes podemos determinar o retorno médio, que representa uma medida estatística de posição desses retornos. O retorno médio é determinado com base na fórmula abaixo.

$$Retorno\ médio = \frac{\sum_{t=1}^{n} R_t}{n}$$

Portanto, o cálculo do retorno médio com base em nosso exemplo fica assim:

$$Retorno\ médio = \frac{8\% + 5\% + 17\% + (-12\%) + 10\% + 7\% + 11\%}{7} = 6,57\%$$

Além de retornos realizados, podemos também fazer uso de retornos projetados para o futuro. São retornos que se espera obter em face de algum cenário que venha a prevalecer.

A Tabela 6.3 é chamada de distribuição de probabilidade de retornos. Ela contempla os seguintes dados: estados da natureza, probabilidades associadas a cada estado e o retorno provável para cada estado.

Tabela 6.3 – Distribuição de probabilidade de retornos

Estado da Natureza	Probabilidade	Ação	
		A	B
Crescimento	0,3	19%	3%
Provável	0,4	14%	18%
Recessão	0,3	6%	27%

Com base nessa tabela, podemos, em primeiro lugar, determinar o retorno esperado, que corresponde à média ponderada desses retornos prováveis, usando como pesos as probabilidades consideradas para cada estado da natureza.

$$E(R)=\sum_{i=1}^{n}(R_i \times P_i)$$

Portanto, neste caso, os cálculos dos retornos esperados para as duas ações serão dados conforme abaixo:

$$E(R_A)=19\%\times 0,3+14\%\times 0,4+6\%\times 0,3=13,1\%$$

$$E(R_B)=3\%\times 0,3+18\%\times 0,4+27\%\times 0,3=16,2\%$$

Tal como o retorno médio, que sintetiza um conjunto de retornos realizados no passado, o retorno esperado sintetiza um conjunto de retornos projetados para o futuro com base em diferentes cenários construídos.

Tanto em relação aos retornos realizados quanto em relação aos retornos prováveis, podemos também calcular o que se denomina desvio padrão de retornos.

Desvio padrão é uma medida estatística de dispersão. Representa uma medida do grau de volubilidade de uma variável em torno da média. No nosso caso, quantifica o grau de variabilidade dos retornos de um título em torno do retorno médio ou esperado.

A fórmula definida na Estatística para o desvio padrão de retornos no caso de retornos realizados é a seguinte:

$$\sigma=\sqrt{\frac{\sum_{t=1}^{n}(R_t-R_{médio})^2}{n\text{-}1}}$$

No caso dos retornos prováveis, a fórmula utilizada é a seguinte:

$$\sigma=\sqrt{\sum_{i=1}^{n}[(R_i-E(R))^2\times P_i]}$$

Observem que para chegarmos ao desvio padrão de retornos precisamos antes calcular a variância de retornos. A partir desta extraímos a raiz quadrada para chegar no desvio padrão de retornos.

A variância nada mais é do que a soma de desvios em relação à média elevados ao quadrado. A elevação ao quadrado se deve ao fato de que se somarmos as diferenças em relação à média chegamos a um resultado igual a zero sempre.

Tanto a variância quanto o desvio padrão de retornos são medidas do nível de variabilidade (ou volatilidade) dos retornos de um ativo financeiro, representando, portanto, uma medida de risco, pois, quanto maior a variabilidade dos preços e retornos de um título, mais arriscado é esse título do ponto de vista do investidor, significando uma maior probabilidade de perda caso os eventos no futuro sejam desfavoráveis.

No caso dos retornos realizados, o cálculo do desvio padrão de retornos é dado por:

$$\sigma = \sqrt{\frac{(8\%-6{,}57\%)^2+(5\%-6{,}57\%)^2+...+(7\%-6{,}57)^2+(11\%-6{,}57)^2}{6}} = 9{,}03\%$$

No caso das duas ações, temos os seguintes resultados para o desvio padrão de retornos:

$$\sigma_A = \sqrt{(19\%-13{,}1\%)^2 \times 0{,}3 + (14\%-13{,}1\%)^2 \times 0{,}4 + (6\%-13{,}1)^2 \times 0{,}3} = 5{,}09\%$$

$$\sigma_A = \sqrt{(3\%-16{,}2\%)^2 \times 0{,}3 + (18\%-16{,}2\%)^2 \times 0{,}4 + (27\%-16{,}2)^2 \times 0{,}3} = 9{,}41\%$$

Ao mesmo tempo em que calculamos os retornos médio e esperado e o desvio padrão de retornos no caso de ativos individuais, podemos também efetuar os mesmos cálculos para carteiras, que são conjuntos de dois ou mais ativos financeiros de propriedade de um determinado investidor.

Se, por exemplo, temos uma carteira conforme abaixo, formada pela composição de 40% de A e 60% de B, procedemos ao cálculo de retorno esperado desta maneira:

$$E(R_{carteira}) = E(R_A) \times W_A + E(R_B) \times W_B = 13{,}1\% \times 0{,}4 + 16{,}2\% \times 0{,}6 = 14{,}96\%$$

Vemos que o cálculo corresponde a uma média ponderada dos retornos esperados de cada um dos títulos que formam a carteira.

O cálculo da variância de retornos segue a equação abaixo:

$$\sigma_{carteira} = \sqrt{\sigma_A^2 \times W_A^2 + \sigma_B^2 + 2 \times W_A \times W_B \times \sigma_{A,B}}$$

$$\sigma_{carteira} = \sqrt{0{,}050882^2 \times 0{,}4^2 + 0{,}094106^2 \times 0{,}6 + 2 \times 0{,}4 \times 0{,}6 \times (-0{,}004572)} = 0{,}037521 = 3{,}75\%$$

Vemos que este cálculo não representa uma simples média das variâncias dos retornos dos títulos que fazem parte da carteira. Neste caso, temos de proceder a um cálculo que considera as variâncias de cada um dos títulos, bem como a covariância entre os retornos dos títulos que formam a carteira.

A covariância é calculada da seguinte maneira:

$$\sigma_{AB} = \sum_{i=1}^{n} [(R_{Ai} - E(R_A))(R_{Bi} - E(R_B))P_i]$$

$$\sigma_{AB} = [(19\%-13{,}1\%)(3\%-16{,}2\%)0{,}3] + [(14\%-13{,}1\%)(18\%-16{,}2\%)0{,}4] + [(6\%-13{,}1\%)(27\%-16{,}2\%) = -0{,}004572$$

Como podemos observar, a sua magnitude e sinal dependem da forma como os retornos dos dois títulos se comportam em função de cada cenário.

A covariância é positiva se dois ativos se movimentam normalmente no mesmo sentido. Ou seja, quando o preço de um sobe, o do outro normalmente também sobe. Quando o preço de um cai, o do outro também cai.

A covariância é negativa se dois ativos tendem a ter comportamentos contrários de preços, ou seja, quando o preço de um cai, o do outro sobe. Quando o preço de um sobe, o do outro cai. Costumamos dizer que a covariância é uma medida de associação entre duas variáveis.

No nosso caso, trata-se de uma medida de associação entre os retornos de dois ativos. Convém destacar que a covariância sempre é calculada entre dois ativos, não fazendo sentido calculá-la entre três ou mais ativos ao mesmo tempo.

A covariância pode também ser zero ou próxima de zero, o que significa que inexiste associação entre duas variáveis ou essa associação é muito baixa.

Normalmente as ações negociadas em bolsa possuem covariância positiva entre si, pois as ações tendem a se comportar de forma homogênea, ou seja, caminhando no mesmo sentido. Quanto mais alta a covariância, maior o grau de associação entre dois ativos.

Existe uma medida padronizada da covariância que é chamada de correlação, calculada conforme abaixo:

$$\rho_{AB} = \frac{\sigma_{AB}}{\sigma_A \times \sigma_B}$$

No caso do nosso exemplo, chegamos aos seguintes cálculos de correlação:

$$\rho_{AB} = \frac{-0{,}004572}{0{,}050882 \times 0{,}094106}$$

Usando a correlação, podemos reescrever a fórmula da variância de uma carteira formada por dois ativos da seguinte maneira:

$$\sigma_{carteira} = \sqrt{\sigma_A^2 \times W_A^2 + \sigma_B^2 \times W_B^2 + 2 \times W_A \times W_B \rho_{AB} \times \sigma_A \times \sigma_B}$$

O fato de os ativos do mercado não terem correlação positiva e perfeita (= +1) faz com que ocorra o chamado efeito de diversificação. Trata-se de um fenômeno natural que decorre do fato de que os ativos de uma carteira não se movimentam de forma perfeitamente sincronizada e no mesmo sentido, fazendo com que haja um processo de compensação entre os movimentos dos vários ativos que compõem uma carteira.

Por exemplo, se uma ação sobe 5% enquanto outra cai 8%, ocorre um processo de compensação entre as ações que faz com que o resultado médio da carteira não sofra tanta oscilação, tanto para cima quanto para baixo. É como se houvesse um *hedge* natural entre os ativos de uma carteira.

O efeito de diversificação, portanto, age positivamente no sentido de fazer com que uma parte do risco de uma carteira diversificada possa ser eliminado pelo simples fato de se combinar ativos que não são perfeita e positivamente correlacionados.

Se transportarmos esse raciocínio para o mercado de títulos como um todo, podemos afirmar que do total de risco de cada ativo uma parte acaba sendo eliminada por meio de diversificação, enquanto que outra permanece, o que é chamado de risco sistemático (ou risco de mercado).

A existência do efeito de diversificação faz com que os investidores se interessem apenas pelo risco sistemático e somente queiram receber um prêmio por essa parcela de risco. Dessa forma, o risco diversificável (passível de ser eliminado pela diversificação) seria desprezado e tido como irrelevante.

Uma figura que representa o efeito de diversificação é a que apresentamos abaixo (Figura 6.3). Por este gráfico, podemos observar que, montando carteiras cada vez mais numerosas com base em uma seleção aleatória de ativos, observaríamos uma redução do risco à medida que a carteira vai incorporando cada vez mais ativos, porém sendo essa redução de risco limitada por um patamar superior a zero, na medida em que sempre sobra um risco residual justamente por conta de a correlação não ser perfeitamente negativa entre os ativos.

Figura 6.3 – Efeito de diversificação

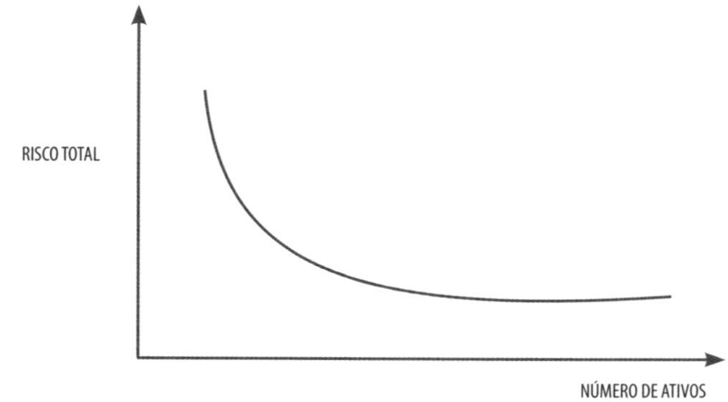

O reconhecimento do efeito de diversificação nos leva a concluir que sempre vale mais a pena investir em carteiras do que em ativos individuais. A não ser que alguém disponha sistematicamente de informações privilegiadas de várias empresas ao mesmo tempo, o que não parece fazer sentido.

A combinação de ativos em carteiras dá ao investidor um conjunto praticamente infinito de possibilidades de investimento, sendo esse conjunto representado por uma figura como a que apresentamos abaixo (Figura 6.4). Trata-se de uma nuvem espessa de pontos, em que cada ponto representa uma carteira diferente ou um determinado ativo individual.

Figura 6.4 – Conjunto viável e fronteira eficiente

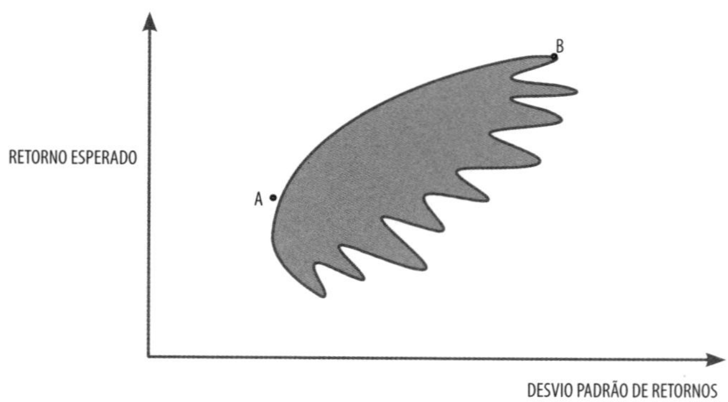

Essa enorme quantidade de pontos representa, portanto, as múltiplas possibilidades de formação de carteiras por parte de um investidor. Chamamos esse conjunto de carteiras de conjunto viável. Ao mesmo tempo, sendo cada investidor avesso ao risco e desejoso de obter o máximo retorno possível em seus investimentos, procurará escolher carteiras que estejam localizadas na fronteira superior da figura, que são, na verdade, as carteiras com a melhor relação possível do ponto de vista de risco e retorno, sendo o risco, neste caso, quantificado pelo desvio padrão dos retornos de cada ativo e de cada carteira.

O conjunto de pontos que se estabelece no limite superior da figura (do ponto A ao ponto B) é chamado de fronteira eficiente (ou conjunto eficiente, como aparece em alguns livros). São os investimentos que, para um dado nível de risco, oferecem o máximo retorno, e, para um dado nível de retorno, oferecem o menor risco.

Observem que a carteira com menor retorno na fronteira eficiente é também aquela com mínimo desvio padrão, enquanto que na posição oposta temos um investimento (representado por um ativo individual) que possui o maior retorno e o maior desvio padrão dentre as possibilidades existentes.

Se considerarmos nesse modelo a possibilidade de se negociar com um ativo livre de risco (normalmente representado por títulos do governo), nesse caso, a fronteira eficiente passa a ser representada por uma linha reta, conforme mostra a Figura 6.5 abaixo, tendo como intercepto justamente o ponto que corresponde ao ativo livre de risco e que tangencia uma determinada carteira da fronteira eficiente original, que poderíamos chamar de carteira de tangência.

Figura 6.5 – Nova fronteira eficiente

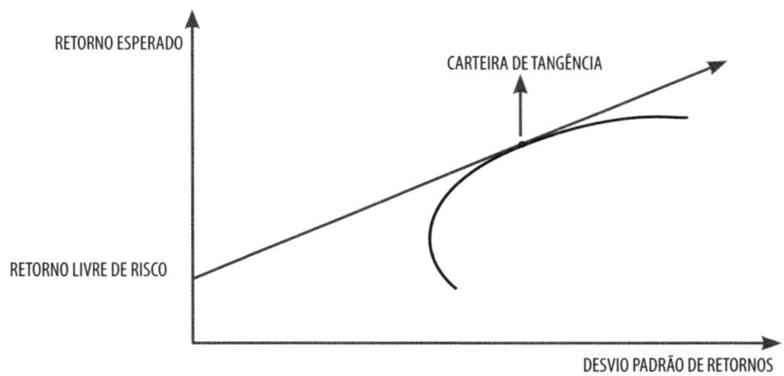

Portanto, conforme assumimos a possibilidade de se efetuar operações no mercado financeiro (de tomada de empréstimos e aplicações a taxas livres de risco), melhoram as possibilidades de investimento de qualquer indivíduo, na medida em que a fronteira eficiente passa a se deslocar para a esquerda, configurando a linha reta que já descrevemos.

Neste ponto, podemos assumir, adicionalmente, que os investidores de mercado possuem expectativas homogêneas. Ou seja, todos possuem a mesma expectativa em relação ao nível de risco e retorno de cada um dos ativos do mercado e para cada uma das carteiras passíveis de serem formadas com esses ativos. Sendo assim, concluímos, com base no *Capital Asset Pricing Model* (CAPM), desenvolvido nos anos 1960, que a carteira de tangência anteriormente considerada corresponde à carteira de mercado, ou seja, à carteira que congrega todos os ativos do mercado passíveis de negociação, na medida em que todos os investidores estariam transacionando com esta carteira para poder maximizar os seus investimentos do ponto de vista de risco e retorno.

O CAPM notabilizou-se como o modelo teórico de finanças que permite aos investidores associar risco com retorno da forma correta, na medida em que eles estariam, neste contexto teórico, avaliando o nível de risco dos ativos em função do quanto cada ativo contribui para o nível de risco do mercado como um todo. E essa medida de risco (relevante) veio a ser chamada de beta, que representa, além da contribuição de cada ativo para o nível de risco da carteira como um todo, a medida de risco sistemático que mencionamos anteriormente, ou seja, o beta mensura o nível de risco de um ativo ou uma carteira que não pode ser eliminado pela diversificação, sendo o risco residual que interessa ser considerado pelos investidores.

A equação do CAPM é apresentada a seguir:

$$E(R)=R_F+\beta[E(R_M)-R_F]$$

E(R) representa o retorno esperado, RF, o retorno de um ativo livre de risco, β é a medida de risco sistemático e E(RM), por sua vez, representa o retorno esperado da carteira de mercado.

O gráfico que representa o CAPM é mostrado na figura abaixo, sendo interessante ressaltar a relação linear estabelecida no contexto do CAPM entre risco (medido pelo beta) e o retorno exigido dos ativos.

Figura 6.6 – *Capital Asset Pricing Model* (CAPM)

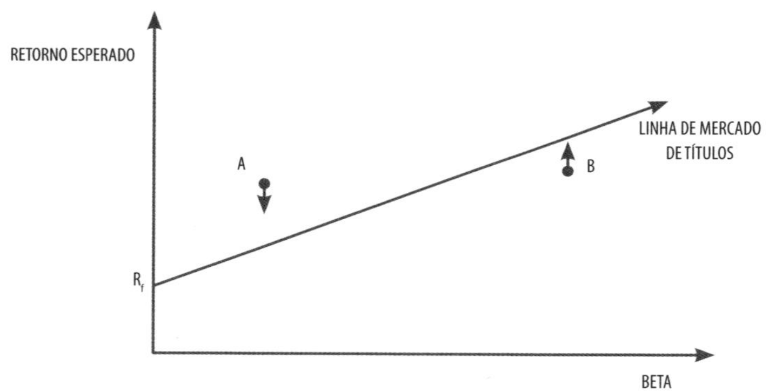

Vemos na Figura 6.6 por que o CAPM é denominado como modelo de equilíbrio. Um ativo A localizado acima da linha denominada de Linha de Mercado de Títulos estaria em desequilíbrio e seria atraída para a nossa linha de referência. O mesmo ocorre com o ativo B, que está abaixo da Linha de Mercado de Títulos.

6.5 Elementos para a criação de um modelo de administração de risco

Todas as empresas possuem um ou mais negócios, que podem ser concêntricos ou bastante diversificados, o que afeta o nível de risco da empresa como um todo. Negócios concêntricos giram em torno de um determinado objeto comum. Principalmente, negócios concêntricos são aqueles que estão relacionados a um mesmo produto ou serviço, ou a uma mesma cadeia de produção. Negócios bastante diversificados são aqueles que não possuem nada em comum, além do mesmo dono, ou pelo menos não estão sujeitos a muitas estratégias e táticas de sinergia.

Logicamente, negócios concêntricos combinados têm um menor potencial de redução de riscos da empresa comparados com negócios bastante diversificados. Vale, nestes casos, o raciocínio da teoria de carteiras da área de finanças, segundo o qual é possível obter benefícios de redução de risco quando combinamos diversos ativos numa única carteira, sendo esses ativos não correlacionados entre si ou tendo correlação positiva baixa ou negativa.

No mapa geral de negócios da economia, há naturalmente negócios que são mais arriscados e outros menos, conforme já tivemos oportunidade de discutir. Logicamente, a escolha de investir num determinado negócio por parte de um empreendedor ou investidor não está baseada no maior ou menor risco de cada negócio. Pelo menos não tende a ser este o fator preponderante da tomada de decisão.

O que o empreendedor ou investidor tende a levar em conta como aspecto mais relevante é justamente o seu conhecimento de um determinado negócio. A escolha de um negócio depende, portanto, do conhecimento que alguém tem de um determinado mercado e produto. Depende também da capacitação para gerenciar um determinado negócio, levando em conta seus vários aspectos operacionais e estratégicos.

Uma ferramenta tradicionalmente utilizada pelos empresários e executivos, visando administrar melhor os negócios em condições de risco e incerteza, é chamada de administração estratégica.

Administração estratégica é, na verdade, um processo de trabalho que conta com o envolvimento de várias pessoas e visa posicionar a empresa estrategicamente, estabelecer mecanismos de controle e previsão e intervir sobre o futuro, tomando decisões hoje que poderão melhorar seu *status* competitivo.

Atrelado ao processo de administração estratégica, a empresa pode também implantar um sistema orçamentário, que consiste em projetar os resultados e a posição patrimonial da empresa, baseados em premissas preestabelecidas quanto ao ambiente externo, estratégias a serem adotadas, investimentos a serem realizados e políticas operacionais e financeiras a serem implementadas.

O orçamento empresarial, como é chamado normalmente no mundo corporativo e na literatura de Controladoria e Finanças, é uma ferramenta cujo sucesso de implantação depende de algumas condições, a saber:

- O orçamento tem de ser um processo participativo, caso contrário, há grande chance de não funcionar eficazmente. Por processo participativo queremos dizer o envolvimento das várias áreas operacionais e administrativas na elaboração do orçamento, cada uma elaborando o seu próprio orçamento;
- O orçamento deve ser elaborado de forma realista, mas ao mesmo tempo representando um desafio a ser atingido pelas áreas, na medida em que ele se presta fundamentalmente como um instrumento de definição de metas e de acompanhamento do cumprimento dessas metas;
- O orçamento deve ser uma ferramenta que conta com o apoio da alta administração, no sentido de disseminar na empresa a sua importância como principal ferramenta de controle e acompanhamento de desempenho das várias áreas e departamentos da empresa;
- O orçamento deve ser divulgado amplamente, em especial para aquelas pessoas que serão cobradas pelo seu cumprimento, e reuniões periódicas devem ser realizadas a fim de que os resultados e as comparações entre o que foi orçado e o que foi realizado possam ser discutidas e medidas corretivas possam ser tomadas no momento certo.

Outra atividade que tem ganhado importância no contexto corporativo é denominada de *Enterprise Risk Management* (ERM). Trata-se de um conjunto de procedimentos e políticas que visam implantar na empresa um mecanismo de gerenciamento de risco, envolvendo seus vários aspectos e não apenas aqueles atrelados à parte financeira.

Um modelo de gerenciamento de risco corporativo deve compreender uma visão holística de riscos e oportunidades, em que diferentes atividades e processos da empresa são analisados à luz dos riscos envolvidos e das oportunidades que podem ser aproveitadas.

Além da administração estratégica da empresa, que naturalmente se depara com essas questões, outras áreas, como a financeira, marketing, operações, contabilidade, jurídica, informática etc., também necessitam identificar os riscos envolvidos em sua atividade, mensurá-los da forma mais objetiva possível, avaliar as consequências advindas da ocorrência de eventos desfavoráveis e favoráveis, avaliar possibilidades de mitigação desses riscos e, em função de uma análise de custo/benefício, acompanhar o quanto esses riscos podem estar afetando ou afetarão negativamente os resultados da empresa e se podem representar uma perda significativa caso certas tendências prevaleçam.

Eventos desfavoráveis podem ocorrer dentro e fora da empresa. Certamente, os eventos que ocorrem dentro da empresa estão mais sob o controle dos administradores, enquanto que os eventos de fora da empresa estão, muitas vezes, fora do domínio da empresa e podem, em função disso, representar situações inesperadas passíveis de consideração prévia, porém sem a possibilidade de uma avaliação mais profunda e meticulosa de suas consequências.

Embora no contexto bancário a atividade de gestão de risco tenha sido enfocada predominantemente de forma quantitativa e baseada em modelos de análise e acompanhamento, em função da própria natureza da atividade envolvida, no caso das empresas em geral, o conceito de ERM é mais abrangente e envolve múltiplas abordagens, não necessariamente quantitativas.

A adoção do ERM na empresa deve, antes de tudo, levar em conta os objetivos corporativos e os planos estratégicos estabelecidos. O gerenciamento de risco tem de visar, em primeiro lugar, o alcance dos objetivos estratégicos e táticos da empresa, dentro de um ponto de vista principalmente de reconhecimento dos riscos envolvidos para que a empresa possa cumprir sua missão e executar suas estratégias com menor chance de insucesso.

A identificação de riscos na empresa pode começar na área financeira, no que tange às possibilidades de fraudes contábeis, distorções de relatórios financeiros, desvio de dinheiro, dilapidação do patrimônio físico e intangível, perdas financeiras decorrentes de operações excessivamente alavancadas, tomada de dívidas e assunção de outras obrigações que comprometam seriamente a capacidade da empresa de se manter segura no mercado do ponto de vista financeiro.

As empresas estão sujeitas a certos riscos provenientes do mercado financeiro, tais como variações inesperadas de taxas de juros, taxas de câmbio, preços de *commodities*, surgimento de novos impostos e novas taxas a serem pagas, medidas governamentais de restrição ao crédito no mercado, maior restrição quanto ao envio de divisas para fora, dentre outros.

Além disso, as empresas assumem riscos decorrentes de sua política de crédito, mais ou menos restritiva, o que pode afetar negativamente os resultados da empresa do ponto de vista econômico e financeiro, em função das inadimplências decorrentes de problemas de cobrança perante os clientes.

As empresas podem adotar, assim como os bancos, modelos quantitativos de controle de risco, tal como aqueles baseados em *Value at Risk*, que mede a máxima perda financeira num certo horizonte de tempo em função de um determinado nível de confiança.

Outros tantos modelos podem ser adotados, seja para mensurar os riscos corridos, seja para prevenir a ocorrência de problemas mais graves do ponto de vista financeiro, como um grande calote em função da quebra de um cliente importante.

As empresas também necessitam preservar o seu patrimônio físico e, para tanto, uma política de seguros patrimoniais deve ser adotada no sentido de mitigar os riscos relacionados a perdas físicas em função de problemas como incêndios, roubos etc.

Os próprios estoques de uma empresa comercial ou industrial, embora tenham uma natureza física, podem ser tratados do ponto de vista de seguro decorrente de perdas eventuais (incêndio, roubo, enchentes etc.), bem como do ponto de vista de preservação do seu valor, por meio de mecanismos de *hedge*, do qual falaremos mais à frente.

Empresas também aplicam seus recursos financeiros sobressalentes no mercado financeiro, e as alternativas escolhidas para a aplicação devem ser regidas por normas e políticas internas que evitem que tais sobras sejam investidas em alternativas de natureza especulativa e de alto risco. As empresas, geralmente, investem suas sobras de caixa em alternativas de renda fixa, embora também nesse mercado possam existir operações inadequadas pela natureza dos recursos aplicados. Por exemplo, uma empresa que aplica recursos num fundo de renda fixa agressivo pode pretender obter retornos superiores ao CDI, porém correndo riscos que colocam em jogo parte relevante do capital aplicado.

No que tange ao endividamento, a empresa também precisa efetuar uma análise e gerenciamento de risco, na medida em que, conforme já falamos anteriormente, pelo uso de dívidas, a empresa gere um efeito de alavancagem financeira, que pode melhorar os retornos do ponto de vista dos acionistas, mas também colocam a empresa numa situação de maiores perdas caso as vendas e os resultados operacionais sofram oscilações negativas.

Portanto, o nível de endividamento da empresa deve ser monitorado, buscando-se gerar os benefícios trazidos pelo uso de dívidas, inclusive do ponto de vista fiscal, mas atentando-se aos riscos que decorrem do excesso de dívidas *vis-à-vis* do capital posto pelos proprietários, que podem inclusive resultar na descontinuidade da empresa e na sua consequente liquidação.

As empresas, eventualmente, tomam dívidas em moeda estrangeira e mais raramente fazem aplicações financeiras também em moeda estrangeira. Em qualquer situação em que haja um descasamento desta moeda nos dois lados do balanço, requer-se a adoção de mecanismos de *hedge* cambial, que previam eventuais perdas por conta de variações desfavoráveis do dólar, por exemplo.

Também no caso de empresas que executam operações comerciais no exterior – exportação e importação –, a questão do descasamento pode ser importante e requerer medidas de redução ou eliminação de riscos cambiais. Empresas multinacionais também costumam trabalhar dentro de uma política de preservação do patrimônio líquido na moeda do país de origem, o que requer que sejam feitas operações de *hedge* para garantir a preservação do seu valor original.

Outra fonte de risco para as empresas reside no relacionamento com clientes e consumidores. A empresa comercializa seus produtos no mercado ou presta serviços, relacionando-se, dessa maneira, com seus clientes finais e outros membros da sua cadeia de suprimentos.

Um aspecto fundamental na relação com clientes é satisfazer as expectativas deles quando você fornece um produto ou presta um serviço. No entanto, podem surgir situações inesperadas em que ocorrem insatisfações por parte de alguns ou muitos clientes, especialmente em virtude de problemas de qualidade, mas também por conta de um mal atendimento ou uma falta de pontualidade no cumprimento dos prazos. Clientes insatisfeitos tornam-se uma fonte de problemas para a empresa que deve ser tratada dentro do contexto do seu gerenciamento de risco.

Há casos ilustrativos, no mercado, de empresas que tiveram, por conta de defeitos de peças, de fazer *recall* de certo lote de produtos. Mais grave do que o custo adicional decorrente da necessidade de substituir produtos defeituosos por produtos novos é o prejuízo de imagem causado pelo incidente. Se for um fato absolutamente isolado, provavelmente o tempo tratará de superar qualquer perda. Porém, se outros casos existirem, perde-se a credibilidade no mercado e a confiabilidade dos clientes em relação aos produtos da empresa.

As empresas precisam evitar que tais problemas surjam, logicamente não enfocando o problema como apenas de natureza comercial, mas decorrente de problemas no processo de produção ou na política de qualidade que vem sendo aplicada.

Empresas que assumem compromissos comerciais e não têm certeza se conseguirão cumprir também possuem uma fonte de risco que pode prejudicar o seu relacionamento com clientes, além de gerar eventuais problemas contratuais que podem colocar a empresa em risco de sofrer ações na justiça, ou pelo menos de ter de efetuar negociações delicadas que demandam muito tempo e geram muito destaque negativo.

Outros tantos problemas podem surgir no relacionamento com clientes, por exemplo, decorrentes da falta de eficiência no serviço de pós-venda. Em que pese o grande esforço utilizado na fase de pré-venda, em vista da normalmente alta competição existente nos diferentes segmentos do mercado, as empresas deveriam usar o mesmo esforço nas atividades de pós-venda, atendendo aos clientes em suas demandas decorrentes de defeitos de produtos, falhas de funcionamento, dúvidas operacionais e assim por diante. No entanto, problemas de insatisfação na fase de pós-venda e de execução de garantias podem causar danos na imagem e na relação com os clientes.

As empresas deveriam dedicar tanto esforço para reter clientes antigos quanto o fazem para conquistar novos. Embora a conquista de novos clientes em muitos mercados seja algo desafiador e custoso, exigindo também grandes investimentos e iniciativas criativas, a dificuldade em reter clientes pode se tornar um fator mais importante de perda de mercado e receitas.

De acordo com especialistas, o custo para conquistar novos clientes é maior do que para reter. Portanto, cabe às empresas conscientizar-se dos custos envolvidos nesses processos e priorizar certas ações que visem aproveitar melhor os recursos alocados na sua área comercial e de atendimento a clientes.

Finalmente, no tocante a clientes, consideramos importante na análise e gerenciamento de riscos da empresa considerar a vulnerabilidade a que eventualmente a empresa está sujeita por conta da dependência de um ou poucos clientes muito importantes. A perda de um cliente nessas condições pode comprometer seriamente a sobrevivência da empresa, a não ser que haja um contrato comercial muito bem elaborado que a protege diante dessas situações. Mas, além da perda de clientes importantes, outro fator que pode gerar problemas de perda de receita e negócios é o simples fato de os clientes decidirem por si só ou em conjunto procurar outros fornecedores no mercado local ou internacional.

As empresas precisam também entender que a perda de funcionários qualificados e treinados pode representar uma fonte importante de perda de competitividade e de receitas ao longo do tempo.

Planos e projetos precisam ser desenvolvidos e implantados visando elevar a taxa de retenção de empregados na empresa, especialmente quando ela atua num setor de atividade que é muito dependente de capital intelectual.

Alta rotatividade de empregados é um sinal ou indicador de problemas de alinhamento entre os interesses da empresa e de seus funcionários. Ou, ainda, é indício de uma falta de valorização dos colaboradores internos, que talvez estejam ganhando salários e benefícios inferiores aos praticados pelos principais concorrentes.

Empregados que buscam outras empresas para trabalhar também podem estar se sentindo desmotivados e desvalorizados na empresa em que atuam. Nesse caso, cabe a ela avaliar seu clima organizacional e adotar outros mecanismos para verificar o grau de insatisfação dos empregados em função de políticas, diretrizes e estratégias adotadas.

Outro aspecto importante é a existência de um satisfatório sistema de desenvolvimento de carreira dentro da empresa. Dentro de um processo de crescimento natural ao longo da vida profissional, os empregados mais comprometidos acabam sendo aqueles que percebem e têm plena consciência do curso que poderão seguir dentro da empresa caso satisfaçam certos requisitos e atinjam certas metas de desempenho.

Finalmente, no tocante ao risco do relacionamento com empregados, destacamos a questão da comunicação interna e do padrão cultural da empresa *vis-à-vis* o padrão cultural prevalecente na maioria dos funcionários. Especialmente em situações de fusões e aquisições, em que duas empresas se unem para se transformar em uma só, podem existir problemas de disparidade cultural e de conflito entre a cultura prevalecente na nova empresa e aquela que predomina em grupo relevante de funcionários.

A falta de um mecanismo eficiente de comunicação interna também pode comprometer o moral dos funcionários e criar problemas decorrentes da perda de funcionários importantes, altamente qualificados e plenamente treinados para as funções de que a empresa necessita.

As empresas assumem riscos também na sua relação com fornecedores, que podem ser avaliados sob diferentes perspectivas. Por exemplo, uma mudança paulatina ou radical da indústria pode fazer com que um ou dois fornecedores específicos se tornem quase que os supridores exclusivos de matérias-primas para sua empresa, o que a torna vulnerável e com menor poder de mercado.

Os fornecedores disponíveis de um determinado material-chave (ou de um serviço igualmente importante) para o seu negócio podem combinar a prática de reajustes de preço em comum acordo e em detrimento dos seus clientes, o que pode conduzir a situações desfavoráveis de variação de preço acima daquilo que a empresa consegue repassar aos seus clientes, dada a estrutura de mercado.

Fornecedores podem possuir suficiente poder de mercado a ponto de determinarem os prazos e as condições em geral que serão praticados nos contratos de fornecimento. Se, por exemplo, algum fornecedor importante reduz os prazos de pagamento, essa iniciativa pode comprometer o caixa da empresa de tal maneira que são gerados problemas sérios no que diz respeito a dificuldades financeiras.

Como já discutido em relação a clientes, a dependência de um único fornecedor pode significar um risco que coloca a empresa em situação de alta vulnerabilidade, especialmente se esse único fornecedor passar a ter dificuldades financeiras ou a diversificar os seus negócios e clientes, dando menos atenção às relações comerciais que mantém com a sua empresa.

A eventual estratégia adotada de integração vertical para trás tem muitas vezes como premissa a dependência exagerada da empresa em relação a um ou poucos fornecedores-chave. Por exemplo, uma empresa de panificação que adquire um moinho de trigo, uma siderúrgica que adquire uma mineradora de ferro, uma companhia do setor plástico que se torna sócia de uma empresa do setor petroquímico etc.

Na área de tecnologia de informação (TI) também as empresas tendem a assumir riscos que eventualmente podem ser mitigados por meio de algumas estratégias que possam vir a ser adotadas.

Hoje em dia, as empresas são bastante dependentes de seus sistemas computacionais. Muitas vezes, um dos grandes ativos que a empresa possui é justamente a base de dados que ela vem armazenando há muito tempo e que permite estudar e caracterizar o perfil socioeconômico e de hábitos de compra de seus clientes, por exemplo.

Diante da importância que as bases de dados corporativas possuem para a grande maioria das empresas, faz-se necessário investir em sistemas de *back-up* e de redundância de dados, a fim de que eventuais acidentes ou mesmo catástrofes não coloquem em risco essa massa estruturada de dados.

As empresas preocupam-se também com a questão da obsolescência tecnológica em relação ao seu parque computacional. Nesse caso, o que se torna de fundamental importância é a análise criteriosa e baseada na opinião de especialistas quanto às tendências para o futuro em relação às novas gerações de computadores, novos sistemas operacionais, novos *softwares* etc.

As empresas fazem escolhas tecnológicas ao longo do tempo, baseadas também em estudos de custo/benefício, e essas escolhas precisam ser avaliadas *a priori* e *a posteriori* quanto às suas consequências diante dos riscos que a empresa corre caso decisões tenham sido tomadas erroneamente ou baseado em certas premissas que não prevaleceram.

O uso intenso de recursos de internet e de intranet por parte das empresas também cria novas fontes de risco na área de TI, seja por conta da possibilidade de entrada de vírus nos sistemas da empresa ou por conta da ação de *hackers*, que se tornaram uma ameaça às grandes redes e bases de dados corporativas.

As empresas estão também sujeitas a riscos na sua área de TI decorrentes da falta de documentação adequada dos sistemas desenvolvidos internamente. Uma empresa que desenvolve seus próprios programas e sistemas computacionais necessita criar mecanismos para não se tornar tão dependente de seus analistas e programadores, haja vista a dinâmica de mercado de trabalho em que se verifica um alto grau de mobilidade entre profissionais, conforme a atividade e o setor em que trabalham.

A ocorrência de falha humana e de outros fatos que podem comprometer a qualidade do serviço computacional desenvolvido dentro da empresa deve também ser objeto de análise e gerenciamento, pois contingências podem surgir ao longo do tempo e, diante de falhas e erros de procedimento, grandes perdas podem afetar negativamente os resultados da empresa.

Situações de blecaute, greves, desastres da natureza e até mesmo ataques terroristas, conforme o país, necessitam ser considerados no plano de contingências da área de TI da empresa, que visa criar mecanismos de controle dessas situações e de tomada de medidas corretivas para que a empresa como um todo não sofra demasiadamente em função dos problemas causados na sua área computacional.

As empresas também correm risco, eventualmente, em suas áreas tributária e trabalhista por conta de discussões jurídicas acerca da incidência de determinados tributos e por conta também de reclamações trabalhistas de funcionários que se desligam da empresa.

No modelo de gerenciamento de risco da empresa recomenda-se dimensionar as perdas potenciais, diante da perspectiva de decisões tomadas na justiça ou na esfera administrativa sobre tributos que a empresa vem discutindo. O mesmo se aplica no caso de processos trabalhistas.

É possível fazer cálculos dos valores envolvidos nas contingências, inclusive atribuindo-se probabilidades de perda em função da opinião de especialistas e de jurisprudências já publicadas.

A empresa está também sujeita a autuações diversas por conta de eventuais irregularidades, conscientes ou não, cometidas no âmbito da Secretaria de Meio Ambiente, da Vigilância Sanitária, produtos alimentícios ou farmacêuticos com problemas de especificação etc. No setor de construção civil, obras em andamento sem o devido alvará de construção ou outras licenças obrigatórias também podem gerar problemas futuros nas esferas judicial ou administrativa, inclusive embargos da obra e proibição de funcionamento da empresa.

As empresas também costumam avaliar projetos de investimentos internos ao longo do tempo e essa atividade envolve, normalmente, um conjunto de procedimentos que culmina com a avaliação financeira do projeto, aplicando-se técnicas financeiras e estatísticas que visam determinar se um projeto é viável financeiramente e pode ser empreendido.

Tais projetos, quase sem exceção, estão sujeitos a riscos e incertezas. Portanto, necessitam ser avaliados do ponto de vista do risco *versus* rentabilidade. Projetos mais arriscados necessitam gerar maior rentabilidade. E esse prêmio pelo risco que um projeto necessita gerar tem de ser proporcional ao próprio risco que se irá correr. Todas essas análises e avaliações são feitas antes que o projeto seja aprovado e executado, o que significa que todos os números e parâmetros considerados são baseados em estimativas.

A forma de se reconhecer o risco de um projeto, por exemplo, no cálculo do valor presente líquido (VPL) é por meio do custo de capital, ou seja, a taxa de retorno mínima aceitável para que um projeto possa ser aceito. O custo de capital deve incorporar o prêmio pelo risco envolvido num determinado projeto, além do prêmio pelo risco já inerente ao negócio da empresa como um todo.

Além do VPL, outras técnicas de avaliação de projetos que levam em conta o risco são a taxa interna de retorno (TIR) e o índice de rentabilidade (IR). A TIR corresponde à taxa de retorno implícita nos fluxos de caixa do projeto. O IR é calculado pela divisão do valor presente das entradas de caixa futuras de um projeto pelo investimento inicial.

Além disso, é possível utilizar-se de outras técnicas e métodos de análise, a saber: análise de sensibilidade, análise de cenário, árvore de decisão, simulação de Monte Carlo, dentre outras, que permitem tratar a incerteza envolvida nos fluxos de caixa futuros de um projeto, dando aos gestores melhores informações para uma tomada de decisão mais consciente.

Na análise de cenários, por exemplo, construímos alguns cenários possíveis para o futuro (crescimento, recessão e cenário provável, por exemplo) e verificamos como fica o VPL do projeto, permitindo aos analistas e gestores ter uma ideia mais ampla e aprofundada do impacto do risco nos resultados do projeto.

É na análise financeira de projetos que temos talvez as melhores condições de tratar mais objetivamente a questão do risco envolvido em algumas das principais decisões estratégicas de uma empresa (construção de novas plantas, implantação de novas filiais, lançamento de um novo produto etc.).

Quanto ao custo de capital, ainda convém mencionar que ele é composto dos custos de capital próprio e capital de terceiros, sendo que o primeiro tende a ser superior em relação ao segundo em vista do maior risco que os acionistas suportam comparativamente aos credores. Na verdade, na determinação do custo de capital de uma empresa, procedemos a um cálculo de média ponderada, em que os pesos são as participações de capital próprio e capital de terceiros na estrutura de capital da empresa.

Para a determinação do custo de capital próprio consideramos normalmente o CAPM, que, conforme vimos anteriormente, é um modelo financeiro que permite estabelecer a relação correta entre o risco, medido pelo beta, e o retorno esperado das ações.

Embora o cálculo do custo de capital da empresa seja feito com base numa média ponderada, devemos entender que, fundamentalmente, o que o determina é o risco inerente ao negócio da empresa.

6.6 A atividade de gestão de risco no contexto dos controles internos da empresa

Para que possamos implantar na empresa a filosofia de controle e gestão de risco, faz-se necessário estruturar um sistema de informações corporativo que permita aos gestores avaliar a exposição de risco da empresa, as probabilidades associadas a diversos eventos desfavoráveis, os tipos de riscos relevantes dentro da companhia e os mecanismos de mitigação utilizados, dentre outras informações consideradas oportunas.

Esse sistema de informações deve seguir a filosofia de *Business Intelligence* (BI), ou seja, estruturação de informações internas e externas à empresa para fins de tomada de decisão e controle gerencial, com o uso de banco de dados que extrai de diferentes sistemas da empresa aqueles dados que, combinados, podem gerar um conjunto de informações relevantes do ponto de vista da gestão da empresa numa ótica de busca e preservação de vantagem competitiva, criação de valor para o acionista, gestão de risco corporativo, avaliação de desempenho gerencial e controle de processos e atividades operacionais, incluindo aí também as atividades de auditoria e *compliance*, que são essenciais hoje dia para a garantia da sustentabilidade da empresa numa perspectiva de longo prazo.

O uso de sistemas computadorizados e de tecnologia de banco de dados é fundamental para que possamos obter os dados de que necessitamos de várias fontes distintas, garantindo a integridade e fidedignidade destes. Além disso, na dinâmica atual dos negócios, as informações corporativas precisam ser geradas, organizadas e customizadas dentro do menor tempo de processamento possível, muitas vezes permitindo a observação de dados em tempo real e por acesso *on-line*.

Além do acesso *on-line* a dados, é recomendável que se façam na empresa reuniões periódicas de gestão de risco, contando com a participação do *Chief Risk Officer* (CRO) da empresa, se houver, e representantes de todas as áreas que direta ou indiretamente estão envolvidas com a geração de resultados da empresa e, ao mesmo tempo, com os riscos que afetam a organização.

Além disso, treinamentos devem ser organizados na perspectiva de formar uma cultura de criação de valor atrelada ao gerenciamento de risco dentro da empresa, combinando, na verdade, no mesmo modelo a busca por níveis elevados de desempenho com a consciência dos riscos que se correm por opção ou por decorrência natural das atividades e processos desenvolvidos dentro da empresa.

Também não seria descabido promover reuniões periódicas com representantes da cadeia de suprimentos da qual a empresa faz parte, a fim de obter uma visão mais clara, objetiva e detalhada dos riscos que são suportados no agregado de todas as empresas e que podem ser mitigados por meio de acordos e contratos firmados entre os vários participantes.

6.7 Proteção contra riscos e o uso de derivativos

Vamos abordar nesta seção os mecanismos que podem ser adotados para se proteger contra certos riscos aos quais as empresas estão sujeitas.

Estamos nos referindo especialmente aos riscos relacionados a ativos financeiros. As empresas estão sujeitas, por exemplo, ao risco de variação de taxas de juros. Aqui no Brasil, muitas operações financeiras são atreladas à taxa do Certificado de Depósito Interbancário (CDI), de tal maneira que em função do comportamento do CDI no dia a dia alguém que tomou um empréstimo bancário, por exemplo, pode amargar uma perda ou beneficiar-se de um ganho, conforme o CDI suba ou caia além do que era previamente esperado. Uma forma de mitigar esse risco da flutuação da taxa do CDI é realizar operações de compra ou venda de contratos futuros na BM&FBovespa, que eliminam as perdas, mas também os ganhos, decorrentes das variações observadas na taxa do CDI ao longo do tempo.

As empresas também sentem, muitas vezes, a necessidade de realizar *hedge* (proteção) contra o risco de variação do dólar. Por exemplo, se a empresa tem uma dívida em dólar e este sobe, ela sofre uma perda que poderia ser evitada se fosse feita uma operação de proteção na BM&FBovespa aqui no Brasil, que envolveria a compra de um lote de contratos futuros de dólar para um determinado vencimento.

Portanto, as empresas dispõem de mecanismos de proteção contra as variações indesejáveis das taxas do CDI e do dólar, assim como de outros tantos ativos financeiros que possuem contratos de derivativos atrelados a eles.

Falamos de contratos de futuros linhas acima, mas na verdade as empresas podem também montar estratégias de proteção com outros tipos de derivativos. Além dos contratos futuros, podem ser estruturadas operações (se é que os contratos já não existem no mercado de bolsa) envolvendo contratos a termo (*forward*), de *swap* e de opção.

Para entender os contratos futuros, convém falar primeiro dos contratos a termo, que são derivativos que permitem a dois participantes do mercado realizar uma operação de compra e venda de um determinado ativo objeto, sendo que a compra e venda ocorre hoje, mas a liquidação e a entrega do ativo objeto ocorrem no futuro.

Contratos a termo são normalmente negociados em mercado de balcão, tendo como característica a flexibilidade de montar uma operação que seja customizada de acordo com os interesses das partes envolvidas.

Contratos futuros, por sua vez, são parecidos com os contratos a termo, porém têm como característica a padronização. Ou seja, são contratos preestabelecidos negociados em bolsa (na BM&FBovespa, por exemplo) e que não dão às contrapartes a flexibilidade de estabelecer prazos e outras condições diferentes do que foi previamente definido.

Os contratos de *swap*, por sua vez, representam operações de troca de fluxos de caixa futuros entre duas contrapartes. O contrato de *swap* mais popular no Brasil é o CDI x Dólar, ou seja, um contrato que permite a troca de fluxos de caixa atrelados ao CDI por fluxos de caixa atrelados ao dólar. Na verdade, nas operações de *swap*, em vez de se mitigar o risco de uma operação, podemos dizer que é efetuada uma troca de risco, baseada num indexador, por outro indexador.

Quanto aos contratos de opção, são aqueles que dão ao seu titular o direito, mas não a obrigação, de comprar (ou vender) um determinado ativo objeto durante um período preestabelecido e por um preço também predefinido.

Os contratos de opção permitem, portanto, que uma empresa ou participante qualquer do mercado faça *hedge* em condições mais favoráveis, por exemplo, comparado aos contratos futuros, pois nos contratos de opção ganha-se numa situação (por exemplo, se o preço do ativo objeto subir no mercado), mas não se perde na situação contrária. Nos contratos futuros, por sua vez, ganha-se numa eventual subida do preço do ativo objeto, caso esteja comprado, mas também se perde diante da queda do preço. A situação de resultados assimétricos que verificamos nas opções não prevalece nos contratos futuros (e contratos a termo).

Os derivativos tratam de ativos financeiros em geral (ações, títulos de renda fixa, ouro etc.), mas também de ativos físicos, como são os casos das *commodities* agrícolas e das *commodities* minerais. Dentre as *commodities* agrícolas que podemos mencionar, estão soja, milho, café, açúcar, carne bovina, algodão etc. Dentre as *commodities* minerais, podemos citar cobre, alumínio, petróleo etc.

Além dos ativos financeiros e das *commodities*, também podem ser objeto de derivativos créditos em geral. São chamados de derivativos de crédito os instrumentos que podem ser usados como *hedge* diante de risco de inadimplência e de não pagamento. O derivativo de crédito mais conhecido e popularizado no mundo é denominado *Credit Default Swap*.

Existem também derivativos de clima, que permitem proteção diante das incertezas climáticas ao longo do tempo. Outro tipo existente no mercado é o derivativo de energia, que permite se proteger diante de variações do preço da energia.

Na verdade, qualquer ativo que tenha negociação dinâmica no mercado, seja ele financeiro ou físico, pode ser objeto de algum derivativo que seja criado. Os derivativos tradicionais são negociados em bolsa, enquanto os derivativos exóticos são negociados em mercados mais restritos e mais qualificados.

Sem serem necessariamente um mecanismo de *hedge*, as operações de securitização que têm sido realizadas intensamente no mundo, baseadas em financiamentos imobiliários ou créditos de recebíveis, têm permitido aos participantes do mercado financeiro realizar operações de transferência de risco, compartilhando com vários investidores o risco que originalmente foi assumido por uma única instituição.

Como palavra final, consideramos as crises financeiras dos últimos anos (crise do *subprime* de 2008 e a crise da Europa de 2011) marcos de uma nova era em que os mercados financeiros nunca mais serão os mesmos, em função das inovações financeiras que se proliferam no mercado e que, se por um lado trazem benefícios aos investidores e captadores de recursos, em vista da maior flexibilidade de operações, por outro exigem maior supervisão por parte dos órgãos reguladores e uma maior necessidade de disciplina por meio de regulações que freiem o apetite por risco que certas operações tratam de refletir.

Exercícios de revisão

1. Discuta o conceito de risco e alguns dos principais tipos de risco encontrados no contexto empresarial e nos mercados financeiros.
2. Faça uma análise dos principais tipos de risco que afetam uma empresa, subdividindo-os em risco do negócio e financeiro.
3. Discuta a adoção da estratégia de diversificação no contexto das empresas e no contexto do mercado financeiro.
4. O que é o CAPM e quais são os seus principais fundamentos? Cite e discuta alguns elementos que devem fazer parte de um modelo de administração de risco corporativo.
5. De que maneira podemos tornar a atividade de gestão de risco mais efetiva dentro das empresas?
6. Explique por que é importante a adoção de estratégias de proteção contra riscos nas empresas e como os derivativos podem contribuir para a mitigação de riscos indesejáveis.

Bibliografia

AMERICAN INSTITUTE OF CERTIFIED PUBLIC ACCOUNTANTS – AICPA. Conselho Regional de Contabilidade do Estado de São Paulo. *Curso básico de auditoria 1: normas e procedimentos*. 2. ed. São Paulo: Atlas, 1992.

ARIMA, Carlos Hideo. *Metodologia de auditoria de sistemas*. São Paulo: Érica, 1994.

BARBIERI, Carlos. *BI – Business Intelligence – Modelagem & Tecnologia*. Rio de Janeiro: Axcel Books, 2001.

BERK, Jonathan; DEMARZO, Peter. *Corporate finance*. 2nd ed. New Jersey: Prentice Hall, 2009.

BERNSTEIN, Peter L. *Desafio aos deuses:* a fascinante história do risco. 16. ed. Rio de Janeiro: Campus-Elsevier, 1997.

BOYTON, William C.; JOHNSON, Raymond N.; KELL, Walter G. *Auditoria*. São Paulo: Atlas, 2002.

BREALEY, Richard A.; MYERS, Stewart C.; ALLEN, Franklin. *Principles of corporate finance*. 8th ed. New York: McGraw-Hill, 2005.

CAMAZANO, Magali Aparecida. Estudo da influência do "Sarbanes-Oxleyact of 2002" sobre o gerenciamento do risco operacional em instituições financeiras brasileiras. Dissertação de Mestrado em Ciências Contábeis e Atuariais, Pontifícia Universidade Católica de São Paulo, São Paulo, 2007.

COMMITTEE OF SPONSORING ORGANIZATIONS OF THE TREADWAY COMMISSION – COSO. *Enterprise Risk Management – Integrated Framework*. Set. 2004.

CONSELHO REGIONAL DE CONTABILIDADE DO ESTADO DE SÃO PAULO. *Controle interno nas empresas – 10*. São Paulo: Atlas, 1998.

COPELAND, Thomas E.; WESTON, J. Fred; SHASTRI, Kuldeep. *Financial theory and corporate policy*. 4th ed. Boston: Pearson Addison-Wesley, 2005.

DAMODARAN, Aswath. *Corporate finance*. 2nd ed. USA: Wiley Series in Finance, 2001.

DELOITTE TOUCHE TOHMATSU. *Lei Sarbanes-Oxley: guia para melhorar a governança corporativa através de eficazes controles internos*. Maio 2003a.

____________. *Metodologia de auditoria com foco em riscos*. Nov. 2003b.

DRUCKER, Peter Ferdinand. *Introdução à administração*. 3. ed. São Paulo: Pioneira, 1998.

GIL, Antonio de Loureiro. *Auditoria de negócios*. São Paulo: Atlas, 2000.

GRINBLATT, Mark; TITMAN, Sheridan. *Mercados financeiros & estratégia corporativa*. 2. ed. Porto Alegre: Bookman, 2005.

MOSCOVE, Stephen A.; SIMKIN, Mark G.; BAGRANOFF, Nancy A. *Sistemas de informações contábeis*. São Paulo: Atlas, 2002.

NONAKA, I.; TAKEUCHI, H. *Criação de conhecimento na empresa*. Rio de Janeiro: Campus, 1997.

PORTER, Michael E. *Estratégia competitiva: técnica para análise de indústrias e da concorrência*. Rio de Janeiro: Campus, 1986.

PORTER, W. Thomas; PERRY, William E. *EDP:* controls and auditing. Boston: PWS-KENT, 1987.

PRICEWATERHOUSECOOPERS – PWC. *The Sarbanes-Oxley Act of 2002: strategies for meeting new internal control reporting challenges: a white paper*, 2002.

PRIMAK, Fábio Vinícius da Silva. *Decisões com BI (Business Intelligence)*. Rio de Janeiro: Ciência Moderna, 2008.

ROMNEY, Marshall B.; STEINBART, Paul John. *Accounting information systems.* 8th ed. New Jersey: Prentice Hall, 2000.

ROSS, Stephen A.; WESTERFIELD, Randolph W.; JAFFE, Jeffrey F. *Corporate finance.* 8th ed. New York: McGraw-Hill Irvin, 2008.

SANTOS, Ivan Brasil Galvão dos. As universidades privadas gaúchas e as comunidades em que estão inseridas: um alinhamento via tecnologia de informação Data Warehouse. Dissertação de Mestrado em Administração, PUC-RJ/Unisinos, São Leopoldo, 2000.

SCHMIDT, Paulo; SANTOS, José Luiz dos; ARIMA, Carlos Hideo. *Fundamentos de auditoria de sistemas.* São Paulo: Atlas, 2006.

TURBAN, Efraim; LEE, Jae; KING, David; CHUNG, H. Michael. *Electronic commerce:* a managerial perspective. New Jersey: Prentice Hall, 2000.

TURBAN, Efrain; McLEAN, Ephraim; WETHERBE, James. *Information technology for management: making connections for strategic advantage.* 2nd ed. New York: John Wiley & Sons, Inc., 1999.